억만장자의
엄청난 습관

# 억만장자의 엄청난 습관

오카자키 타로 지음 | 오정화 옮김

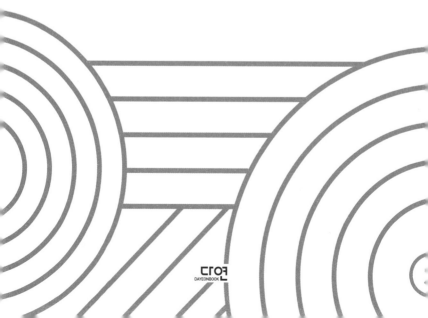

다연
DAYEONBOOK

Have to become a happy millionaire.

너무 바빠서 하고 싶은 일조차 할 수 없다니, 가난보다 견디기 힘들다.

| | |
|---|---|
| 자유란 | **What is freedom?** |
| 경제적인 자유 | **Economic freedom** |
| 자유롭게 사용할 수 있는 시간 | **Time to spend freely** |
| 넘쳐흐르는 의욕과 향상심 | **Full of motivation and ambition** |
| 건강한 신체 | **Healthy body** |
| 긍정적인 정신 | **A positive spirit** |
| 정보와 견식, 그리고 취미 | **Information and insight and hobbies** |
| 함께 지낼 수 있는 동료 | **Friends to play with** |
| 신뢰관계와 존경관계 | **Building a relationship of trust and respect** |
| 사려 깊음 | **Thoughtfulness** |

# '이 습관'이
# 억만장자로 가는 길을 열어준다

저는 26세에 월 매출 1억 엔을 달성했습니다. 24세에 온라인 판매 사업을 시작하고, 25세 때 잡지 〈앙앙〉에 광고를 게재한 상품 '딸기우유 맛 다이어트'가 폭발적인 인기를 끌었기 때문입니다.

벌써 22년 전의 일입니다.

그 후 30세 때 독립하여 온라인 판매 컨설턴트로서 활동을 시작했습니다.

독립하고 1년 정도 무렵에 임원으로 취임한 화장품 온라인 판매 회사의 연 매출이 98억 엔으로 성장하여 주식 상장을 달성했고, 이후 저의 자산은 단숨에 수억 엔이 되었습니다. 그러나 2008년 리먼 브라더스 사태로 해외에 투자했던 채권의 절반 정도를 소실하고 말았습니다. 그런 탓에 저는 더욱 흐트러짐 없이 성실하게 일하고 있습니다.

본업인 온라인 판매 컨설턴트로서 제가 18년 동안 개발에 참여한 상품은 120가지가 넘으며, 그중에는 연간 160억 엔이나 판매된 히트 상품도 있습니다.

지금도 애슬리트 업계에서 주목받고 있는 몇 가지 단백질 음료는 제가 개발에 깊게 관여한 상품입니다. 제조 대기업이 과점하고 있던 시장에 매출총이익을 줄이면서 뛰어들어, 수년간 엄청난 성장을 이루어냈습니다. 이밖에도 매력 넘치는 많은 제품을 건강한 기업들과 함께하고 있으며, 이렇게 책 집필에도 몰두하고 있습니다.

이런 제가 20년 이상 관심을 가지고 개인적으로 연구해온 테마가 '억만장자'입니다. 이 테마는 꽤 자극적이어서 지금도 저의 흥미는 줄어들지 않고 있습니다.

많은 사람이 부자의 요건으로 자산 1억 엔 이상을 생각합니다.

만 엔 지폐가 1만 장 있으면 1억 엔이지요. 일본 직장인의 평생 수입이 약 2억 엔인 점을 감안하면, 그 절반인 약 1억 엔을 자산으로 가지고 있는 사람은 확실히 부자라고 할 수 있습니다.

흔히 〈포브스〉* 등에 소개되는 억만장자(billionaire)란 10억 달러, 즉 1,000억 엔(약 1조 2,000억 원)을 소유한 거대 자산가를 의미합니다.

사실 1,000억 엔이 넘는 자산이란 상상을 초월하는 엄청난 금액이지요.

그만큼의 자산이 있다면 매년 1억 엔을 마음껏 써도 1,000년 동안 놀면서 지낼 수 있습니다(다만 그 어떤 부자도 1,000년을 살지 못하지만요). 이를 금리 5%의 금융 상품에 투자한다면 연간 50억 엔씩 늘어난다는 계산이 나옵니다.

하지만 이 정도로 놀라기에는 아직 이릅니다.

2018년 7월, 아마존의 CEO 제프 베이조스는 지금까지의 부자들의 기록을 경신했습니다. 그 자산액은 무려 17조 5,000억 엔! 이 금액은 터키나 오스트리아의 연간 국가 예산에 필적할 정도입니다. 어마어마한 규모이지요.

---

* 〈포브스〉는 세계적인 비즈니스 경제지다. 매년 봄에 발표하는 '세계 부자 순위'가 유명하다.

그런데 〈포브스〉가 발표한 '세계 부자 순위'에 따르면 2018년 억만장자의 총인원은 2,043명이던 2017년에 비해 8.1% 증가한 2,208명으로, 과거 최대 인원수를 기록했습니다.

세계 부자 2,208명 중 일본인은 35명(2017년에는 33명)이 순위에 들었습니다. 주요 억만장자로는 소프트뱅크의 손정의 회장이 227억 달러로 세계 39위, 패스트리테일링(유니클로)의 야나이 다다시 회장이 195억 달러로 세계 55위에 이름을 올렸으며, 이하 키엔스의 다키자키 다케미쓰 회장, 일본전산의 나가모리 시게노부 사장, 라쿠텐의 미키타니 히로시 회장 등이 있습니다.

일본인 부자 1위 손정의 회장의 자산은 약 2조 2,700억 엔입니다. 제프 베이조스에는 미치지 못하지만 그래도 차원이 다른 자산액입니다. 세계 부자 순위 572위를 기록한 세븐앤아이홀딩스의 이토 마사토시 회장의 자산은 약 3,900억 엔입니다.

한숨이 나오는 금액이지요.


그렇다면 지금부터는 이런 터무니없는 이야기를 잠시 뒤로하고, 다시 억만장자에 관하여 생각해봅시다.

너무 당연한 이야기지만, 1억 엔으로도 상당히 유유자적한 생활을 할 수 있습니다.

인생의 남은 기간을 생각하고 평균 수명에서 차감하여 앞으로 '주어진 시간'은 몇 년 남았는지, 남은 일을 할 비용은 얼마인지를 곰곰이 상상해보길 바랍니다. 제가 자주 하는 말이지만, 돈은 내세로 가지고 갈 수 없습니다. 지나치게 막대한 자산은 상속 싸움의 불씨를 남길 뿐입니다.

참고로,《부자 아빠, 가난한 아빠》의 저자 로버트 기요사키가 정의하는 '부자 아빠'는 '자산 총액 10억 엔에 더하여 연간 불로 소득이 1억 엔'인 사람입니다. 일본의 직장인이 40년 동안 성실하게 일하여 겨우 2억 엔밖에 벌지 못하는데, 10억 엔의 자산을 상상할 수 있는 사람은 그리 많지 않겠지요.

그렇게 생각하면 가장 현실적인 선은 역시 자산 1억 엔이라고 생각합니다.

오늘날 일본에서 연봉이 1,000만 엔을 넘는다고 하면 하루하루의 지출로 곤란함을 겪지는 않을 것입니다. 물론 더 위를 본다면 한도 끝도 없겠지요.

일등석 비행기에 탑승하고, 5성급 호텔의 스위트룸에서 자고 싶다면 연봉 1,000만 엔으로는 부족합니다. 인간의 욕구는 끝이 없기 때문입니다.

### ▌한 학급당 한 명이 억만장자?

이야기가 조금 벗어났으니 다시 돌아가겠습니다.

부유층에 대한 또 다른 흥미로운 잣대로, 노무라 종합연구소의 '순금융자산 1억 엔 이상'이라는 정의가 있습니다.

순금융자산, 즉 총자산에서 부동산 등을 제외한 모든 '유동 자산'에서 부채를 뺀 금액을 척도로 하여, 그 금액이 1억 엔 이상인 세대를 '부유층'이라고 정의했습니다.

또한 일본 국세 당국이 2015년에 발표한 부유층의 주요 선정 기준은 다음과 같습니다. 조금 어려운 용어가 나열되지만 그래도 참고가 될 자료입니다.

- 유가 증권의 연간 배당금 4,000만 엔 이상
- 소유 주식 800만 주 이상

- 대출근익 대출 원금 1억 엔 이상
- 월세 등 부동산 소득 1억 엔 이상
- 소득 합계 금액 1억 엔 이상
- 양도 소득 및 산림 소득의 수입 금액 10억 엔 이상
- 취득 자산 4억 엔 이상
- 상속 등 취득 재산 5억 엔 이상
- 비상장주식의 양도 소득 10억 엔 이상 또는 상장주식의 양도 소득 1억 엔 이상인 45세 이상의 사람
- 지속적 또는 큰 금액의 해외 거래가 있는 사람, 또는 위의 조건들 해당자 가운데 해외 거래가 있는 사람

출처_닛케이 신문 2015년 9월 3일 조간 참고

《부자 아빠, 가난한 아빠》의 부유층 정의보다 더 현실적인 느낌이 들지 않나요?

프랑스 파리에 본점을 둔 컨설팅 기업 캡제미니는 매년 발표하는 〈세계 부(副) 보고서(WWR)〉의 2018년 보고서에서 2017년 일본의 부유층은 전년 대비 약 9% 상승하여 316만 2,000명으로 증가했다고 했습니다. '316만 명'이라고 하더라도 그 숫자가 크게 와닿지 않는 분도 많을

것입니다. 이 숫자를 일본의 총인구인 1억 2,670만 명(일본 총무성 통계국 조사, 2017년 10월 1일 기준)으로 나누어 봅시다. 그러면 316만 명은 일본 인구의 약 2.5%라는 계산이 됩니다. 이는 '일본인 약 40명 중 한 명이 백만장자(millionaire)'라는 뜻입니다.

즉, '한 학급당 한 명이 억만장자'인 거죠. 이렇게 생각하면 그동안 다른 존재라고 생각했던 억만장자가 의외로 가깝게 느껴지지 않나요?

앞에서 서술한 노무라 종합연구소의 데이터를 조금 더 구체적으로 검증해보겠습니다.

순금융자산이 1억 엔 이상인 세대가 121.70만 세대이며, 이를 일본의 총 세대수인 5290.40만 세대로 나누면 약 2.3%가 됩니다. 대략 일본의 총 세대의 약 2%에서 2.5%가 부유층이라는 사실을 알 수 있지요.

- 초부유층: 순금융자산 5억 엔 이상 (7.3만 세대)
- 부유층: 순금융자산 1억 엔 이상 (114.4만 세대)
- 준부유층: 순금융자산 5,000만 엔 이상 1억 엔 미만 (314.9만 세대)

- 어퍼매스(upper mass)층: 순금융자산 3,000만 엔 이상 5,000만 엔 미만 (680.8만 세대)
- 매스층: 순금융자산 3,000만 엔 미만 (4273.0만 세대)

출처_노무라 종합연구소 <일본의 부유층은 122만 세대, 순금융자산 합계 금액은 272조 엔>, 2016년 11월 28일 참고

'일본인 약 40명 중 한 명은 자산이 1억 엔'이라는 사실을 기억하길 바랍니다. 왠지 감각적으로 조금만 뻗으면 손에 닿을 것 같다는 생각이 들지 않나요? 1억 엔이라는 숫자가 이제 꽤 가깝게 느껴진다는 의미겠지요.

1,000억 엔이 아니라 '10억 엔 정도의 자산을 목표로 해보자!' 하는 가벼운 느낌으로 다음 단계를 향해 나아가봅시다.


█ '부자는 불행하다'라는 고정관념을 버리다

먼저, 다음의 질문에 대답해보세요.

여러분은 '많은 돈을 소유하게 되면 불행해질 것이다'라고 생각하고 있나요?

눈을 감고 가슴에 손을 얹은 후, 심호흡하면서 기억을 더듬어보길 바랍니다.

큰돈을 가지고 있으면 사기를 당하고, 다른 사람에게 속아 넘어가며, 바람이 나 가정이 붕괴된다 등등…… . 돈에 관한 이런 부정적인 이미지는 어린 시절부터 부모님이나 주변 어른들에 의해 심어진 것은 아닌가요?

사실, 저 또한 돈에 관하여 부정적인 이미지를 갖고 있었습니다.

저는 34세에 처음으로 신규 주식 공개(IPO)를 경험했습니다.

공개 첫날부터 높은 주가를 기록하면서 이후에도 계속 상한가를 이어가 저의 자산은 순식간에 불어났습니다. 그때 마음속으로는 '이렇게 많은 돈을 손에 넣으면 병에 걸리지 않을까' 하는 근거 없는 불안을 느꼈습니다. 돈을 원하지만 과분한 돈을 소유하면 벌을 받을 것 같다든지 돈을 대신해 소중한 무언가를 잃어버릴 것 같다는 막연한 불안감이 들었지요.

혹시 여러분도 그렇게 생각하고 있나요?

"아니요"라고 대답한 분은 건너뛰고 읽으셔도 괜찮습니다.

"예"라고 대답한 분도 안심하시길 바랍니다.

저의 세미나나 강연회에 참가한 분들에게 이렇게 질문을 던지면 약 40%는 "큰돈을 손에 넣으면 불행해질지도 모른다"고 대답합니다.

이런 돈에 관한 부정적인 이미지는 부모, 교사, 선배, 혹은 TV 프로그램이나 드라마의 영향도 있을 것입니다. 게다가 실제로 듣고 보았던 품격 떨어지는 부자에 대한 혐오, 그렇게 볼품없는 부자들이 점점 몰락해가는 모습을 보았기 때문일지도 모릅니다.

옛날로 말하자면 벼락부자, 언행이 거칠고 주변을 전혀 신경 쓰지 않는 품격 없는 부자가 유감스럽게도 아직 많이 존재한다는 사실을 잘 알고 있을 것입니다.

난폭하고 품위 없는 부자들을 만나면 누구나 혐오감을 가지겠지요. 이것이 몇 번이고 반복되면 '부자=난폭=혐오=불행한 사람'이라는 확고한 방정식이 자신도 모르게 새겨지고 맙니다.

이렇게 마음속에 '부자는 불행하다'라는 이미지가 완성

16

되면, 언젠가 자신이 부자의 길을 향해 나아갈 때 큰 장애가 돼버립니다. 무의식중에 '억만장자'를 거부하는 브레이크를 밟고 있는 것입니다.

먼저 마음속의 이 브레이크 존재를 인식하고 빠르게 해소하는 것이 필요합니다.


사실 억만장자에도 두 종류가 있습니다, 행복한 사람과 불행한 사람!

인품이 뛰어난 사람과 나쁜 사람, 관대한 사람과 옹졸한 사람, 평화적인 사람과 폭력적인 사람으로 나뉘는 것처럼, 부자 또한 두 종류가 있습니다. 이 두 종류의 사람은 완전히 다른 존재입니다.

불행하며 인품 불량에 옹졸한 억만장자를 보고 아무도 부럽다고 생각하지 않습니다.

하지만 안심하세요! 마음이 맑고 깨끗한, 청렴결백한 품성을 지닌, 관대하며 행복감으로 가득한 억만장자가 많이 존재하니까요!

사람들은 아무래도 인격이 나쁜 억만장자에게 눈길이 가기 쉽습니다. 왜냐하면 품성이 뛰어난 억만장자는 애초에 눈에 띄는 것을 꺼리기 때문입니다. 품성 나쁜 억만장사는 제가 지금까지 만나 억만장자의 비율로 말하자면 열 명에 한 명 정도일까요. 그리고 인품이 나쁜 억만장자들은 그 소행으로 미루어 보아 아무래도 더 눈에 띈다는 사실을 마음에 새기고 있길 바랍니다.

여러분의 주변에 본보기가 될 마음이 맑고 깨끗한 억만장자가 있나요?

한 명이라도 이미지에 적합한 모델을 발견했다면, 그 사람을 한번 떠올리세요. 그런 사람이 없다면 억만장자라는 단어 앞에 수식어로 '행복한' 또는 '훌륭한'을 붙여보길 바랍니다.

'행복한 억만장자', '훌륭한 억만장자'라고 불리는 사람이라면 아무래도 마음이 누그러지지 않을까요? 이것만으로도 인격이 나쁘다는 부정적인 이미지를 상쇄할 수 있습니다.

여러분의 마음 깊은 곳에 '행복한 억만장자', '훌륭한 억만장자'라는 새로운 영역을 만들어봅시다! 그렇게 이 책을 계속 읽어가다 보면 마음이 깨끗하고 맑은 억만장자의 이미지가 점점 굳어질 것입니다.

이제 본론으로 넘어가겠습니다.

이 책은 한 마디로 '훌륭한 억만장자의 습관'을 다룬 자기계발서입니다!

지금까지 제가 다수의 훌륭한 억만장자 동료와 교류하면서 발견한 것들을 담았습니다. 그들이 실천하고 있는 독특한 습관을 중심으로, 억만장자가 되기 위해 도움 되는 습관, 그리고 제가 의식하고 있는 습관, 이 세 가지를 전달하려고 합니다.

이 책에 제가 겪은 흥미로운 에피소드도 곁들었습니다. 에피소드에 나오는 억만장자들을 통해 그들의 습관을 배우고 따라 실천하면서 스스로 '훌륭한 억만장자'로 나아가는 계기가 되길 바라 마지않습니다.

## ▌왜 훌륭한 억만장자들은 밖으로 나오지 않을까?

2019년 1월, 저는 49세가 되었습니다.

18세 때 사회에 나왔으니, 사회인으로서 만 30년의 세월을 보냈습니다.

돌이켜보면 신기하게도 부자들과의 만남이 계속 이어

졌습니다. 그들과의 만남은 너무나 복 받은, 매우 운명적인 기회였지 싶습니다.

제가 고등학교를 졸업하고 입사한 회사는 지금은 이미 사라진 소비자 금융 대기업 '다케후지'입니다. 다케후지의 다케이 야스오 회장에게 받은 가르침을 시작으로 차례차례 부자들과 만나게 되었습니다.

그중 최고 수준의 억만장자와의 만남은 1998년 8월, 제가 28세 때였습니다.

그는 당시 〈포브스〉가 선정한 부자 중 중국에서 가장 높은 순위에 오른 홍콩 갑부였습니다. 그는 홍콩 자본의 항공 회사와 고급 호텔의 경영부터 세계적인 은행의 임원으로도 이름을 알리고 있었습니다.

그의 아들 안내로 지인과 함께 일주일 정도 중국을 여행했을 때의 일입니다. 마지막 날에는 그가 경영하는 홍콩 주룽의 고급 호텔에서 식사를 대접받았으며, 숙박으로 준비된 방은 스위트룸이었습니다. 인생의 첫 스위트룸에 감격한 것은 물론, 그 경험은 평생 잊을 수 없는 강렬한 기억으로 남아 있습니다.

그 후에도 저는 계속 부자들과 우연히 만났습니다.

예컨대 방콕 돈므앙 공항의 흡연실에서 만난 40세에 조기 은퇴하고 10년 동안 골프 삼매경에 빠진 남성, 시오도메에 있는 콘래드 도쿄의 엘리베이터에서 만난 항공 회사의 임원, 태국 꼬사무이의 고급 리조트에서 친해진 세계 최대의 호텔 그룹 부사장, 인도네시아 발리의 형님(영화 〈신은 발리에 있다*〉의 모델), 그 밖에도 회사를 매각하여 수백억 엔을 소유한 사장도 있고, 주식 상장으로 거액의 자산을 손에 넣은 친구도 있습니다.

최근에는 온라인 포커 사이트를 매각하여 100억 엔 이상의 자산을 벌어들인 일본계 캐나다인도 있습니다. 그는 연 매출 300억 엔의 일대 환락 체인을 만들어냈습니다.


이처럼 제 인생에는 믿기 힘들 정도의 부자가 등장하고 있습니다. 하지만 그들은 대부분 유명인이 아닙니다. 그 이유는 무엇일까요?

그들은 자신이 유명해지면 야망과 질투라는 부정적인 영향이 강해진다는 사실을 알고 있기 때문입니다. 그래서

---

* 〈신은 발리에 있다〉는 일본 배우 츠츠미 신이치 주연의 영화로, 원안은 〈돈을 벌면 대부호〉이다. 주인공 모델은 마루오 다카토시이다.

눈에 띄지 않도록, 뉴스거리가 되지 않도록, TV에 소개되지 않도록 세심한 주의를 기울이고 있습니다. 그러니 세상에 드러나는 일이 거의 없습니다.

그러고 보니 2018년에도 '엄청난 수준'의 억만장자와 만났습니다.

그는 저보다 나이는 적었지만, '돈이 여유롭다는 말은 저런 모습일까'라는 것을 피부로 느끼게 해줄 만큼 성공한 실업가였습니다.

그 수준으로 말할 것 같으면 '자신이 얼마를 보유하고 있는지 정확히 알지 못할' 정도!

억만장자의 소개는 이쯤하고, 제가 왜 '억만장자의 습관'을 주제로 집필했는지 밝히겠습니다.

저는 여러 억만장자와의 계속되는 만남 속에서 그들이 '평범한 사람과는 명백히 다른 습관'을 가지고 있다는 사실을 깨달았습니다. 그들은 한편으로는 독특하고 열광적이면서 매우 철저했습니다.

그래서 편집자와 대화를 나눌 때 제가 발견한 '억만장

자의 습관'에 대하여 소개했더니, 편집자는 "매우 흥미롭네요! 억만장자의 습관을 더 수집하고 정리해서 한 권으로 만들면 매우 유의미한 책이 될 것 같아요!"라며 한껏 흥분했습니다.

그 대화가 벌써 약 10년 전의 일입니다.

저는 '억만장자의 습관'을 조금씩 계속 수집했습니다. 그렇게 50세를 앞두고 '억만장자의 습관'이 드디어 한 권의 책으로 정리할 분량에 도달하여 이렇게 출판하게 된 것입니다.

제가 발견한 '억만장자의 습관'에 대한 모든 것을 이 책에서 최초로 공개합니다. 억만장자의 32가지 습관을 엄선했으며, 처음부터 순서대로 읽어도 좋고, 관심이 가는 항목부터 읽어도 좋습니다. 억만장자와의 에피소드를 즐기면서 동시에 참고할 부분은 계속 실천해가길 바랍니다.

여기서 잠깐, 앞서 언급한 최고 수준의 억만장자와의 에피소드를 한 가지 소개하겠습니다.

어느 날, 저는 롯폰기 미드타운의 '더 파크 레지던시스

앳 디 리츠 칼튼 도쿄'의 공실 정보를 보다가 높은 임대료에 매우 놀랐습니다.

1m²에 1만 엔, 즉 1LDK(일본의 집 구조를 나타내는 말로 숫자는 방의 수, L은 거실Living room, D는 다이닝룸Dining room, K는 주방Kitchen을 의미한다)의 60m²의 집이라면 월세가 무려 60만 엔! 그중에서도 가장 넓은 집은 유도장을 방불케 하는, 다다미 40장 정도 크기의 거실로 이루어진 형태입니다! 300m²인 2LDK는 월세가 300만 엔! 그 집이 도쿄의 최고 금액에 가깝다고 해도 과언이 아니겠지요.


'정말 놀랍다'고 생각하여 최고 수준의 억만장자인 그에게 '이런 고가의 집이 있네요!' 하고 모바일 메신저로 연락하자, '그 집은 제가 결혼하기 전 살던 곳입니다'라는 답장이 왔습니다.

'헉!'

예상하지 못한 답에 한순간 사고가 정지했습니다.

'살던 집?'

매달 월세가 300만 엔, 1년이면 3,600만 엔. 이는 제 고향 후쿠오카라면 100m²의 아파트를 구입할 수 있는 금액입니다. 물론 롯폰기에서 그 정도 수준의 아파트를 구입하기 위한 비용은 10억 엔을 가볍게 넘습니다.

'그는 정말 대단한 차원의 억만장자구나!' 하고 감탄했던 기억이 납니다.


## ▌억만장자와 인연이 계속 이어지는 사람, 이어지지 않는 사람

여러분에게 억만장자를 알고 지낼 기회가 생긴다면 이를 어떻게 활용하겠습니까?

우선 앞서 언급한 그 억만장자와의 에피소드를 하나 더 소개할까 합니다.

저는 긴자에서 사무소를 운영하는 사장이 "은어가 맛있는 계절이군. 맛보러 가자고!" 하여 방문한 신바시의 은어 요리 전문점에서 그 억만장자를 처음 만났습니다.

첫인상은 산뜻하고 호감이 가는 청년으로, 예의가 바르고 쾌활하게 잘 웃는 사람이었습니다. 식사하는 동안 낚시부터 비즈니스까지 폭넓은 주제로 이야기를 나눴는데 꽤 즐거웠습니다.

헤어질 때는 서로 업무상의 특기 분야를 공유하고 언젠가 함께할 일이 생기길 바라며 모바일 메신저 ID를 교환했습니다.

그로부터 1년, 그와는 일이 있을 때마다 계속 소통하고 있습니다. 그러던 중 저는 문득 깨달았습니다.

모바일 메신저로 연락하든 페이스북으로 연락하든, 그는 매우 빠른 속도로 답장을 보낸다는 것을요. 빠를 때는 3초 만에 초고속 답장이 오기도 했습니다.

거기 '깜짝!' 놀란 분, 반성하길 바랍니다.

일단 답장의 속도를 높여봅시다!

하루가 지나도 답장을 하지 않는 수준이라면 말할 가치도 없습니다.

다양한 장소에서 다양한 사람과 만날 기회가 존재합니다. 사적 만남이든 비즈니스적 만남이든 말입니다. 그런 만남 중 억만장자와 알게 될 확률은 분명 낮을 것입니다. 그러니 더더욱 억만장자의 습관을 배우고 실천하면서 '조금이라도 가까이 다가가고 싶다'라고 생각하길 바랍니다.

억만장자의 습관을 직접 피부로 느끼며 의식적으로 '자신의 단계를 높이자'라고 생각하는 겁니다. 자신보다 한 단계 위에 있는 사람들은 의식 또한 더 높기에 인간으로서 성장할 수 있도록 촉진해주는 존재이기 때문입니다.

만약 여러분이 억만장자와 만났는데, 대화의 주제가 빈약하고 계속 이야기를 이어갈 수 없다면 모처럼의 만남은 무의미해질 것입니다.

억만장자뿐만 아니라 다른 누구와 만나더라도 그 만남을 유의미하게 바꾸기 위하여 제가 마음속에 새기고 있는 것은, 바로 상대방에게 '매력적인 친구'가 되는 것입니다.

여기서 '친구의 정의'에 대해 다시 생각해보고자 합니다. '아는 사람'과 '친구'의 차이는 도대체 무엇일까요?

제가 생각하는 친구의 정의는 '한밤중인 12시에도 편하게 전화할 수 있는 사람'입니다.

"지금 라면 먹으러 가지 않을래?", "있잖아, 네가 예전에 말했던 영화 제목이 뭐였지?", "내 얘기 좀 들어봐, 오늘 말이야……" 하는 것처럼 딱히 중요하지 않은 이야기를 밤늦게 스스럼없이 전화해서 말할 수 있는 사람이 제가 생각하는 친구입니다.

결국, 친구란 특별한 일이 없어도 만날 수 있는 사람인 것입니다.

여러분이 사회인이라면 당연히 명함을 교환해야겠지요. 하지만 명함을 교환한다고 해서 저절로 친구가 되는 것은 아닙니다.

명함 교환의 다음 단계는 모바일 메신저나 페이스북, 인스타그램이라도 상관없으므로 일단 상대방과 관계를 맺는 것입니다.

여러 주제를 공유하고 실제로 술자리도 함께하는 등 얕은 이야기부터 깊은 이야기까지 진솔하게 주고받고 함께 웃으며, 서로의 친구를 소개하고 일도 같이합니다.

계절이 바뀔 때나 기념일에는 선물을 보내고 맛있는 식사를 함께하면서, 관계가 소원해질 때면 약간 투덜거리기도 하다 보면 어느새 진정한 친구가 되어 있을 것입니다.

이처럼 누군가와 친구가 되는 일에는 그만큼의 수고와 노력이 필요합니다.

어떻게 하면 상대방과 좋은 사이가 될 수 있는지, 실천할 수 있는 '친구로 만들기 계획'을 고민하는 것이 중요하지 않을까요?

이 계획을 실천하고 시행착오도 겪어가며 멋있는 교우

관계를 늘려갑시다.

좋은 친구가 생기면 그 친구를 통해 더욱 훌륭한 인간관계로 확장될 것입니다. 이렇게 점점 넓어지는 관계 속에 억만장자와 만날 기회가 숨어 있습니다.

여러분이 억만장자를 목표하기 전, '억만장자는 도대체 어떤 사람일까?'를 이해하는 것은 매우 의미 있는 일입니다. 억만장자의 있는 그대로의 모습과 마주하는 것만으로도 '나는 이런 억만장자가 되고 싶어!' 하는 구체적인 이미지를 떠올릴 수 있기 때문입니다.

이렇게 억만장자를 계속 꿈꾸면서, '친구로 만들기 계획'을 실행해가며, 저처럼 수많은 대단한 억만장자와 만나길 바랍니다!

자, 여러분의 풍요로운 인생을 지금 시작합시다!

오카자키 타로

# Contents

## Prologue

## Chapter 1 일과 배움 습관

# Chapter 2 일상생활 습관

# Chapter 3 인간관계 습관

# Chapter 4 건강과 취미 습관

# Chapter 5 돈 습관

# Epilogue

a

great
habit

억만장자의 엄청난 습관

# Chapter 1
일과 배움 습관

# 답장은 빠르게
## 업무 처리 속도를 어필하고 신뢰를 얻는다

훌륭한 억만장자는 매사 반응이 빠르다는 사실에 깜짝 놀랍니다. 프롤로그에서 언급했던 최고 수준의 억만장자도 그렇습니다.

최근에는 모바일 메신저의 답장 속도에서도 그들의 반응이 빠르다는 사실을 실감했습니다. 페이스북이나 문자 메시지, 휴대전화에서도 마찬가지로 억만장자는 일단 답장이 매우 빠릅니다. 특히 비즈니스에서 큰 성공을 거둔 사람들의 경우, 그 속도는 감탄할 만한 수준입니다.

뛰어난 억만장자는 시간이 갖는 가치가 돈 이상이라는 사실을 뼛속 깊이 이해하고 있는 것입니다. 그들은 망설임 없이 즉시 결단을 내림으로써 시간을 최대한 운용합니다. SNS 또한 시간을 헛되이 보내지 않고 효율적으로 연락하기 위한 수단, 정보를 수집하기 위한 수단으로써 다른 사람들의 몇 배로 활용하고 있습니다.

한마디로 빠른 답장이라고 하지만, 그것이 어느 정도인지 상상이 가시나요? 제가 알고 있는 경영자인 억만장자의 경우, 빠를 때는 무려 0.1초 만에 답장합니다.

이것은 사실입니다. 물론 언제나 답장이 0.1초 만에 오는 것은 아닙니다. 하지만 80%는 3분 이내에 답변이 옵니다. 반나절이 지난 답장 따위는 절대 존재하지 않습니다. '24시간 내내 감시하고 있는 거야?' 하며 가끔은 무서워질 정도입니다. 최근에는 '혹시 사람이 아니라 AI봇*아니야?' 하는 의심스러운 마음도 듭니다.

얼마 전 취재차 있었던 억만장자와의 식사 자리에서 "답장 속도가 느린 사람과는 아무리 비즈니스관계로 발전

---

* 봇은 인터넷상에서 자동화된 태스크를 실행하는 애플리케이션을 의미한다. 애플의 '시리(Siri)' 등이 이에 해당한다.

한다고 하더라도 무언가 문제가 발생한다. 그래서 그런 사람과는 가능한 한 함께 일하고 싶지 않다"라고 했던 말이 인상 깊었습니다.

다르게 말하면 '답변 속도가 빠르다=업무 처리가 빠르다'라는 좋은 인상을 줄 수 있다는 의미입니다. 게다가 바로 답장을 하는 자세는 '당신을 최대한 존중하고 있습니다'라는 마음마저 표현할 수 있겠지요.

억만장자와 교류할 기회가 생긴다면 답장 속도에 주의하길 바랍니다. 단순히 아는 사이가 된 것만으로는 아무런 가치도 없습니다.

첫 만남을 시작으로 가까운 관계로 발전하는 데에는 입장의 차이 등이 크게 관계없습니다. 그저 정보를 제공하고 취하면서 서로의 의견을 교환하고 상호 이해를 깊어지도록 하는 것뿐입니다.

▎상대방이 흥미로워하는 화제를 1년 동안 제공한다

그렇다면 구체적으로 어떤 주제로 커뮤니케이션을 하

면 좋을까요? 어렵게 생각하지 않아도 됩니다.

예를 들어 독서와 관련된 이야기도 아주 기본적인 주제 중 하나입니다. 독서를 소재로 대화를 구성하여 "최근 화제가 되고 있는 《○○○○○》라는 책을 읽어보셨나요?" 등의 질문은 약간 진부하지만, 대화의 시작으로서는 나쁘지 않습니다. 상대방의 관심이 있어 보이는 주제라면 만화나 영화, 음악, 또는 화제의 레스토랑이나 호텔 등도 좋습니다.

또한 비즈니스 관련 상담을 꺼내는 것도 좋습니다. 물론 상담 수준이 중요합니다. 도무지 어떻게 할 방법이 없는 저급한 상담은 '무슨 이런 하찮은 질문을 하는 거지'라며 얕잡아 보일 뿐이기에 어느 정도 상담할 맛이 나는 수준이어야만 합니다.

구체적인 업무를 의뢰하는 것도 좋은 방법입니다. 예산을 정하여 클라이언트가 되는 형태입니다.

제가 실제로 활용하는 방법은 정보의 공유입니다.

처음 만났을 때, 상대방의 흥미나 취향으로 이어지는 이야기가 있다면 메모를 합니다.

예를 들어 상대방이 포르쉐를 좋아한다고 가정해봅시다. 신차 출시, 한정판 모델 발매, 관련 전시회, 또는 슈퍼카 관련 기사 등을 수집하여 SNS로 자연스럽게 공유합니다. 이야깃거리를 만드는 것이지요.

'포르쉐 신형 모델이 나온다고 하네요. 관련 링크를 함께 보냅니다.'

이렇게 던지면 답변이 오지요.

'맞아요!'

이후로 이야기를 점점 발전시켜 나아가면 됩니다.


많은 사람이 아이폰, 애플워치, 드론이나 AI, VR, AR 등등 최신 기술을 좋아합니다. 이 분야에 관심 있는 사람은 대부분 스티브 잡스도 좋아하는 경우가 많아서 그와 관련된 이야기가 있다면 전달합니다. 이런 식으로 정보를 공유하면 됩니다.

관건은 '얼마나 철저히 할 것인가'입니다.

1년 정도는 사흘이 멀다 할 정도로 꾸준히 커뮤니케이션을 시도하길 바랍니다. 그러면 서로의 관계는 분명 발전할 것입니다.

물론 철저하게 하려면 시간과 노력이 필요합니다. 그렇

기에 아무에게나 시도할 수는 없습니다. '바로 이 사람!'이라고 생각되는 사람하고만 꾸준히 관계를 맺어야 합니다.

우리 인생에서 '바로 이거야!'라고 생각되는 만남은 그렇게 많지 않습니다. 그런 인연이라고 확신한다면 그때야말로 철저해질 때입니다.

---

**이렇게 해보자!**

- 답장이 빠른 인기인을 목표로 한다.
- '바로 이 사람!'이라고 정한 사람에게는 1년 정도 꾸준하게 정보를 제공한다.

**Habit 02**

# 감탄할 만한 넓은 아량
## 보상과 손익을 생각하지 않는 자세가
## 그릇의 크기를 보여준다

1990년대 후반, 휴대전화 판매가 일본 최대 규모를 자랑했던 회사의 주식을 상장하여 성공시킨 오사카의 엄청난 억만장자 이야기입니다.

개인적으로도 꽤 친분이 있는데, 그와 만났던 계기는 제가 참가한 화장품 온라인 판매 회사에 대한 투자 이야기였다고 생각합니다.

마치 탐정 드라마에 나올 법한 은신처를 전부 개조한, 건축한 지 40년이 넘은 낡은 아파트에도 자주 놀러 갔었습니다. 최근에는 시애틀로 이주했기에 만나지는 못하지만,

그는 저에게 아주 큰 영향을 끼친 억만장자 중 한 사람입니다.

그는 단지 두 번째 만남에 불과한 제가 어떤 사람인지조차 드러내지 못한 시점에 이런 말을 먼저 꺼냈습니다.

"타로 군! 내가 알고 있는 걸 모두 자네에게 알려줄 테니까. 정말 무엇이든 사양 말고 질문하게."

"무엇이든 말입니까?"

그런 말을 들어도 갑자기 질문이라니, 떠오르지도 않던 걸요.

솔직히 무척 당황했습니다.


하지만 모처럼 그런 말을 들었으니 잠시 고민한 뒤, 저는 '자산을 늘리는 방법'에 대해 직설적으로 물어보았습니다.

그러자 그는 "방법은 투자지. 알겠네"라고 짧게 말한 후, 책장에서 세 권의 파일을 꺼냈습니다. 파일을 획획 펼치면서 "이것이 내 자산의 전부인데, 크게 미국과 런던, 싱가포르, 세 곳에 분산하여 보유하고 있지"라며 진지한 얼굴로 설명을 시작하는 것이 아닙니까?

"미국과 런던에서는 IT 업계에 투자하고, 싱가포르에서는 선물 지산을 중심으로 펀드를 여러 종류 구성하고 있어. 그에 대한 자세한 내용이 이거야. 사분기에 한 번씩 현지의 펀드매니저와 미팅을 해서 다음 투자 방침을 결정하지. 이 자료를 봐, 이게 저번 미팅의 회의록이야. 이건 운용 실적의 그래프를 나타낸 자료이고, 투자 전문가의 코멘트는 이런 식이고. 다양한 관점에서 활발하게 의견을 교환하고 있다는 것을 이해했지?"

그는 이렇게 매우 세세한 부분까지 아무렇지 않게 보여주었습니다.

저는 그저 놀라울 뿐이었습니다. 이야기의 절반도 이해하지 못하고 있는데, 그는 "타로 군, 이게 전부인데 더 궁금한 점이 있는가?"라며 눈을 크게 뜨고 정면에서 저를 바라보고 있었습니다.

### ▌감추지 않고 넓은 아량으로 무엇이든 알려준다

그는 모든 자산에서 투자처와 분석, 전망까지 한 시간 이상 최선을 다하여 설명해주었습니다.

아무런 보상도 기대할 수 없는 청년에게, 이렇게까지 모두 공개할 수 있는 후한 마음씨라니. 역시 진정한 인물은 마음 씀씀이가 넉넉합니다. 신선한 감동을 받았던 일을 마치 어제의 일처럼 기억하고 있습니다.

전부를 흔쾌히 공개할 수 있다는 것은 나쁜 짓을 하여 돈을 번 것이 아니라 정당한 수단으로 성실하게 돈을 모았다는 자부심이 있기 때문이겠지요. 자신의 투자에 대한 모든 것을 개진할 수 있는 자신감이 뒷받침된 것입니다.

'자신의 노하우를 알려주면 손해를 보고 만다. 그렇기에 손쉽게 공유하고 싶지 않다'처럼 생각하는 그릇이 작은 사람은 할 수 없습니다.

"내가 알려주는 것을 배우면 당신도 똑같이 돈을 벌 수 있을 거야" 하며 모든 것을 공개하고 알려줄 수 있는 '큰 그릇'을 가진 사람이야말로 진국이라고 생각합니다.

사실 이때의 경험이, '꼭꼭 감추지 않고 무엇이든 알려주는 컨설턴트'라는 저만의 스타일 구축으로 이어졌습니다. 쉽게 표현하면 '넓은 아량으로 기꺼이 무엇이든 알려준다'는 방식입니다. 이는 제가 생각하는 진정한 컨설턴트

45

이 조건 중 한 가지입니다.

- 작은 손익을 고집하지 말고, 누구나 깜짝 놀랄 정도의 넓은 아량을 갖춘다.
- 자신의 모든 것을 꺼내어 다른 사람에게 알려줄 수 있는 넉넉한 마음씨와 큰 그릇을 가진 사람을 목표로 한다.

# 모든 일은 완전히 철저하게
### 믿기 어려운 수준까지 완수하면
### 보이는 풍경이 달라진다

'범사 철저'라는 단어가 있습니다.

마쓰시타전기의 창업자 마쓰시타 고노스케 사장이 애용한 말로도 잘 알려진 이 표현은 자동차용품 판매 기업 옐로햇의 가기야마 히데사부로 창업주가 즐겨 사용하는 것으로도 유명합니다.

가기야마 사장은 완벽한 '화장실 청소의 원조'로도 유명하니, 여러분도 한 번쯤 이름을 들어본 적이 있을 것입니다. 하우스텐보스를 설립한 가미치카 요시쿠니 사장도, 투 프라이스 정책의 시초인 '더 슈퍼 수트 스토어'를 전개하는 주식회사 온리의 나카니시 코이치 회장도 가기야마 사장을 존경하는 '범사 철저'의 신봉자입니다.

요즘의 저라면 위화감 없이 그 말을 받아들일 수 있지만, 35세이던 당시의 저는 사장이 무슨 일이 있을 때마다 '매출이 하락해도 매사에 철저하게, 무슨 일이 없더라도 매사에 철저하게!'를 연호하는 모습에 반발하고 있었습니다. '무슨 매사에 철저하게야! 그렇게 해서 매출이 상승한다면 누구나 다 오르게?' 하면서 말이지요.

지금 생각하면 '범사 철저' 알레르기라고도 할 수 있는 시기였습니다. 물론 당시에 추천받은 가기야마 사장의 책을 읽고, 저도 화장실 청소는 실천했습니다.

하지만 저는 가기미야 사장이 말하는 '범사 철저'라는 말의 '진정한 의미'를 전혀 이해하지 못했습니다. 마음속으로 반발하고 있었기에 실천하려고 해도 잘될 리가 없었지요. 역시 배울 때 겸허하고 솔직한 태도가 아니면 제대로 배울 수 없습니다.


그런데 얼마 전, 드디어 알게 되었습니다. 마침내 말입니다. 계기는 오늘날의 파나소닉인 당시 마쓰시타전기에 입사하여, 마쓰시타 정경숙의 이사장 및 교장을 오랜 기간 역임한 조코 아키라 선생의 세미나 영상을 접한 후였습니다.

온몸에 소름이 돋으며 바로 이해하게 되었습니다. 그것은 '범사에 완전 철저하게'라는 말이었습니다. 그렇게 싫어하던 '범사 철저'의 가운데에 '완전'이 있다는 점이 포인트입니다.

조코 선생은 보통의 '범사 철저'로는 충분하지 않으며 모든 일을 '완전히' 철저히 할 때 비로소 의미가 있다고 말했습니다. 저는 그때까지 누가 이야기하더라도 '모든 일을 철저히 하라니, 교과서적인 이야기는 필요 없어!' 하며 마음속 그 어떤 울림을 느끼지 못했는데 말입니다.

사실 이러한 '범사에 완전 철저히'는 제가 35세일 때, 주식회사 온리의 나카니시 코이치 회장에게 몸소 가르침을 받았던 경험이 있습니다.

## ▌숙박 후의 방을 깨끗하게!

언젠가 나카니시 회장과 같은 호텔에서 머무를 기회가 있었습니다. 방은 각각 싱글룸으로, 저의 한 칸 옆방이 그의 방이었습니다. 다음 날 아침, 내선전화가 울려 수화기를 들자, 나카니시 회장의 목소리가 들렸습니다.

"타로 군! 좋은 아침! 어떤가? 이제 외출할 수 있겠는가?"라고 말하여 급히 방을 나서려는데, 그가 문 앞에 서서 기다리고 있었습니다. 그런데 그가 "잠깐 실례하겠네"라고 말하며 제 방으로 들어왔습니다.

당시의 저는 매사에 철저하지 않아서 방은 매우 엉망진창이었습니다. 보이면 안 되는 것을 들킨 기분에 부끄러움까지 더해져, 조금 격양된 목소리로 "무슨 일이시죠?"라고 묻자, 그는 "이거 정말 안 되겠군. 오카자키 군은 아직 이정도 수준이었어!"라고 말했습니다. 이어서 "내 방을 한번 보겠나?" 하며 자신의 방으로 저를 안내했습니다. 그 방은 사용한 흔적이 느껴지지 않는 깨끗한 방이었습니다.

"앗! 이건 도대체…… 마치 사용하지 않은 것 같아요" 하며 감탄하자, 그가 "어떠한가. 전혀 다르지"라며 빙그레 웃는 것이었습니다.

나카니시 회장이 저에게 가르쳐준 것은 다음과 같습니다.

"오카자키 군의 방은 '돈을 지불하고 머무르는데, 그냥 쓰기만 하는 것이 무슨 잘못이야?'라고 말해주는 듯한 어질러짐이네. 그대는 이 방을 치우는 사람 따위는 조금도 생각하고 있지 않아. 자, 그럼 반대로 청소하는 사람들은 이렇게 흐트러진 방을 보고 무슨 생각을 할까? '이리 어지르다니. 부모의 얼굴이 보고 싶군!' 이렇게 생각하겠지. 머무른 사람의 수준을 들키고 마는 것이라네. 하지만 내 방을 치우러 들어온 사람은 뭐라고 생각할까? '우와, 뭐야? 완전 깨끗해! 이 사람은 철저히 하는구나. 왠지 대단하다, 두 손을 모아 감사 인사라도 하고 싶을 정도야!'라고 생각하겠지. 어떠한가? 요점은 다른 사람이 보지 않는 부분도 제대로 할 수 있는지 아닌지에 대한 것이네."

그의 말을 듣고, 저는 그동안 저의 뒤를 정리해주는 사람을 전혀 의식하지 않았다는 점을 돌아보며 크게 반성했습니다. 그 후, 호텔을 체크아웃할 때는 가능한 한 방을 깔끔하게 정돈합니다. 아직도 '범사 철저'에 미치지 못하는 수준이지만 말입니다.

그런데 조코 아키라 선생의 이야기에서, 호텔 청소와 매사에 '완전 철저'한 태도가 딱 들어맞는 것이었습니다.

일을 히려면 완전히 철저하게 완수하라. 더 이상 믿기 어려운 수준까지 완성하라.

조코 아키라의 범사 '완전 철저'는 좋은 의미로 상대를 '놀라게 하자'는 감각입니다. 호텔 방을 청소하는 사람들이 깜짝 놀랄 만한 수준의 정리! '깨끗하게 사용했구나' 하는 정도의 완벽한 수준이어야만 합니다. '사용하기 전보다 더 깨끗하지 않아?'라며 놀라움의 감상을 불러일으킬 정도로 하는 것입니다.

철저하게 함으로써 좋은 의미로 상대방을 놀라게 해봅시다. 이러한 생각으로 행동하면 하루하루가 즐거워질 것입니다.

예를 들어 호텔을 체크아웃하기 전, '좋아! 완벽하게 정리하겠어!' 또는 '좋았어. 청소하는 사람들을 깜짝 놀라게 해주겠어!'라는 생각으로 청소를 하는 것입니다.

선(禪)의 가르침 중 '첫째는 청소, 둘째가 기도'라는 말이 있다는데, 이는 신앙보다 먼저 언급할 정도로 청소를 중요시한다는 사실을 나타냅니다. 완벽하고 철저한 청소로 마음도 함께 단련하는 것이겠지요.

범사에 '완전 철저'의 자세는 호텔 청소뿐만 아니라 다른 모든 일에서도 적용할 수 있습니다. 회사에서의 조례, 상사에게 하는 보고, 전화를 받는 태도, 사무실 청소, 매일의 인사, 고객에게 커피를 대접할 때 등등 '이렇게까지 해야 하나!' 하는 생각을 완전히 떨쳐버리고 모든 일을 철저하게 하는 것입니다.

이것이 범사 '완전 철저'의 진정한 의미입니다.

예를 들어 신입 직원에게 '영양 성분에 대한 조사'를 부탁한다고 가정합시다. 그가 조사하는 방법을 통해 '그는 철저한 사람인가, 아니면 철저하지 않은 사람인가?'를 어느 정도 분별할 수 있습니다.

아마 대부분의 사람은 영양 성분의 이름을 인터넷에서 검색하여 결과의 상위 3~4페이지 정도를 훑어본 뒤, 쓸 만한 내용을 골라 보고하겠지요.


하지만 이런 방법, 이런 수준이 정말 철저하게 하는 태도라고 말할 수 있을까요? 인터넷 검색만으로 충분하다면, 일부러 그 사람에게 부탁할 필요가 없습니다. 부탁받은 업무이니, 이왕이면 '깜짝 놀라 상사의 두 눈이 크게 떠지는 보고서를 만들어야지!'라는 패기로 완벽하고 철저하게 조사했으면 좋겠습니다.

　대단한 일이 아니라도 절대 대충하지 않는다, 이런 태도를 유지하면 실력 향상은 물론 회사 내에서의 평판도 분명 높아질 것입니다. 이것이 언젠가는 큰 프로젝트의 리더로 선정되거나, 출세의 기회로 본인에게 돌아오게 되는 것입니다.

　'이 정도로 충분하겠지' 하는 수준에서는 다른 사람을 놀라게 하는 것도, 자신이 성장하는 것도 불가능합니다. 철저한 습관을 지닌 사람과 그렇지 않은 사람! 여기에서 큰 차이가 생기는 것입니다.

　모든 일에 '완전 철저'한 태도를 자신에게 적용해봅시다. 여러분의 인생에 분명 '무언가'의 변화가 찾아올 것입니다.

---

**이렇게 해보자!**

- 다른 사람이 깜짝 놀랄 정도로 모든 일을 철저하게 한다.
- 첫째는 청소, 둘째가 기도! 대충하지 말고 우선 청소부터 시작한다.

# 꼼꼼하게 메모한다
## 손으로 작성하는 메모에서
## 새로운 '깨달음'이 연이어 탄생한다

저는 레오나르도 다 빈치의 원고를 보고 매우 깜짝 놀랐습니다.

천재인 그가 약 40년에 걸쳐 직접 글로 엮은 노트에는 수학, 기하학, 해부학, 천문학, 식물학, 동물학, 건축의 토목, 인체 해부, 그리고 군사 기술까지 매우 다양한 분야를 다루고 있었습니다.

다 빈치는 자세한 데생과 설명을 위한 문장을 무려 1만 5,000페이지나 작성했다고 알려져 있는데, 오늘날에는 5,000페이지밖에 존재하지 않습니다.

예를 들어 '새의 비상에 관한 원고'에는 날개의 형태, 바람과 공기가 흐르는 모양을 자세하게 관찰한 내용이 공기의 저항에 관한 고찰과 함께 기록되어 있습니다.

지금부터 약 500년도 전인, 서기 1,500년경에 작성되었다는 점에서 놀라움을 감출 수 없었습니다. 흥미가 생기는 분은 인터넷에 검색해보길 바랍니다. 서적으로도 꽤 많이 발표되어 있습니다.


다 빈치와 비슷하게 억만장자들도 '메모 집착, 기록 집착'이 매우 대단합니다. 게다가 그들 중에는 최신 태블릿 PC나 스마트폰 등 디지털 기기를 사용하지 않고, 수첩이나 노트에 손으로 작성하는 아날로그 방식을 선호하는 사람이 많습니다.

회의할 때 스케치북에 사인펜으로 크게 그림을 그려가면서 설명하는 사람도 가끔 보입니다. 스케치북은 넓은 공간에 자유롭게 그릴 수 있어서 생각을 떠올리는 데도 매우 긍정적으로 작용한다고 합니다.


이렇게 말하는 저 또한 '동기부여 노트', 즉 손으로 작성하는 꿈 실현 노트의 중요성을 강조하고 있어서 직접 작성하는 메모의 효용성을 너무나 잘 알고 있습니다.

손으로 작성하는 메모는 '아이디어를 메모해두지 않으면 반드시 잊어버린다!'는 좋지 않은 기억력을 보완해주는 방법으로써 매우 유효합니다. '놓친 물고기가 더 크다'는 말처럼 누구에게나 중요한 아이디어를 잊어버렸던 괴로운 경험이 있을 테지요.

저 역시 '어째서! 도대체 왜 떠오르지 않는 거야! 분명 100억 엔짜리 아이디어였을 텐데!' 하는 조금 과장되지만 무척 아쉬웠던 경험이 몇 번이나 있습니다.

이를 피하고자 요점만 콕 찍어 메모하고 기억하는 습관을 몸에 익히도록 합시다. 그러면 이제 큰돈을 탄생하게 하는 아이디어를 잊어버리는 일은 없을 것입니다. 여기에는 '내 아이디어는 분명 100억 엔이 될 수 있을지도 몰라!'라는 가능성에 대한 진지한 믿음이 전제하고 있습니다.


많은 사람은 매일, 매시간, 아침에 일어나 잠이 들기 전까지, 아니 꿈속에서도, 화장실을 갈 때도, 샤워할 때도 비즈니스 주제, 새로운 책의 제목, 새로운 광고의 아이디어, 곧 유행할 것 같은 화장품에 대한 아이디어, 상품의 이름이나 브랜드의 로고 마크에 대한 고민, 회사의 조직도, 내년에 계획 중인 직원 여행의 장소 등을 계속해서 맥락 없이 쉬지 않고 이것저것 생각합니다.

이처럼 계속 생각하기 때문에 계속 잊어버리고 마는 것입니다. 그러므로 메모로 남기지 않으면 뭐가 뭔지 정말로 알 수 없게 됩니다. 메모하지 않으면 '식은 죽 먹기'가 아니라 '말짱 도루묵'이 되어버릴지도 모릅니다.

제가 실천하고 있는 정보 정리 방법은 노트나 종이에 '손으로 쓴 메모'를 스마트폰 카메라로 촬영하여 그 데이터를 컴퓨터로 옮긴 다음, 주제 또는 클라이언트나 프로젝트별로 폴더를 나누어 보관하는 방법입니다.

데이터를 조사해보니 제가 임원으로 있는, 모바일 전용 의류 쇼핑몰 사이트 사업을 중점적으로 전개하는 주식회사 데이지의 업무와 관련하여 직접 작성한 메모를 촬영한 사진이 1,600장도 넘게 있었습니다! 패션 관련 업계여서 손으로 쓴 메모와 함께 모델 사진이나 디자인 샘플, 마케팅 아이디어 등 다양했습니다.

이런 데이지 관련 메모 중 일부를 소개하겠습니다.

'1년 후의 자신에게 메일로 지시할 수 있는 애플리케이션'이라며 휘날려 쓴 아이디어, '장바구니에 상품을 넣고 주문까지 완료하지 않은 사람에게 알림을 보내자'는 구체적인 지시, '도대체 왜 그 고객은 구매하지 않을까?' 하는 소박한 의문까지 다양합니다.

## ▌실제로 '측정'하고 '작성'하면서 알 수 있는 것

데이터 안에는 호텔 '더 리츠 칼튼 도쿄'의 방에 대한 모든 것을 취재한 기록도 있었습니다.

둥근 테이블의 크기와 높이, 통로의 폭, 복도의 소재, 욕조로 이어지는 슬라이드 도어, 벽걸이 TV가 설치된 위치와 바닥 사이의 간격까지 자세하게 적혀 있습니다. 길이를 측정하여 호텔의 편지지에 보고 적는 데 걸린 시간은 대략 15분 정도입니다.

제일 먼저 방 전체의 크기나 모양을 파악하고, 큰 가구부터 배치하여 그 뒤로 자세한 사양을 써 내려갑니다. 익숙해지면 그렇게 어려운 작업은 아닙니다.

제가 가진 메모 중에 런던 하이드 파크 바로 옆에 있는 모던한 호텔, '코모 메트로폴리탄'의 소파의 치수를 측정한 것이 있습니다. 마음에 드는 부분이 있어 일단 세부 사항을 확인용으로 촬영해둡니다.

여러분도 머무는 호텔의 소파가 '앉는 느낌이 매우 좋다'는 느낌을 받은 경험이 있을 것입니다. 저는 거기에서 한 걸음 더 나아가, 다른 호텔의 소파와 '무엇이 다를까? 앉는 부분의 높이? 아니면 의자의 깊이? 그것도 아니면 쿠션의 두께일까?'를 실측하고 검토했습니다.

예컨대 호텔 창문에서 소파의 등받이까지 얼마의 간격이 있는가를 알아보는 겁니다. 약 30cm의 간격이 있다면, 이곳에 커피잔이나 읽다 만 책 등을 편하게 둘 수 있는 공간이 생긴다는 사실을 알 수 있습니다. 실측을 통하여, 단 30cm로 고객의 편리성을 실현할 수 있다는 사실을 간단히 깨닫는 것입니다.

이러한 이유로 저의 가방에는 항상 휴대용 줄자가 들어 있습니다. 줄자 하나만 있으면 되니, 돈이 들지 않는 취미이지요.

사실 이렇게 호텔의 길이를 측정하는 아이디어는 인테

리어 디자이너인 우라 카즈야의 저서 《여행은 게스트룸》에서 채용했습니다.

직접 실천해보니, 측정을 통하여 평상시 알지 못하는 부분이 눈에 들어온다는 사실을 깨달았습니다. 예를 들어, '아, 여기에 약간 각이 있구나', '그렇군, 천장은 이렇게 되어 있네'라는 깨달음과 서랍의 폭이나 깊이 등 사용하는 사람을 진심으로 생각하여 만든 가구에서 설계자의 의도를 느낄 수 있게 되었습니다.

대상과 마주하고 주의 깊게 보는 습관이 생긴다면 '보는 힘'은 좀 더 적확하고 첨예해질 것입니다. 그래서 메모하는 습관은 '보는 힘'을 현격히 향상시킵니다.

이러한 습관은 업무에서도 효과를 발휘합니다. 메모 작성을 통하여 내용 확인과 동시에, 의문점이나 보이지 않던 부분도 구체적이고 예리하게 두루 살필 수 있게 되기 때문입니다. '보는 힘'을 확실하게 체화하면 업무 전체를 모두 내다볼 수 있고 해당 업무의 요점 파악은 물론 그를 위해 필요한 자료나 인재의 확보까지 전반적으로 바라볼 수 있습니다.

디지털은 디지털만의, 아날로그는 아날로그만의 장점이 분명히 존재합니다. 이를 어떻게 구별하여 사용할 것인지 혹은 조화롭게 융합할 것인지, 그것은 여러분의 역량에 달려 있습니다.

> **이렇게 해보자!**
>
> - 실제로 작성하고, 측정하고, 촬영하면서 새로운 깨달음을 얻을 수 있다.
> - 메모 작성을 통해 대상을 '보는 힘'이 눈에 띄게 향상된다.

# 아날로그 감각은 예리하다
## 정리 정돈 능력은 업무의 통찰력으로 이어진다

억만장자와 함께 일할 때면, 언제나 그들의 파일 정리
방법에 관심이 갑니다.

그 파일 분류는 이러한 느낌입니다.

현재 진행 중인 프로젝트의 파일과 종료된 프로젝트의
파일.

파일을 펼치면 첫 번째 페이지에는 제목과 기간, 참가
자, 예산 및 수입, 지출 내역 등 프로젝트 개요가 간략하게
기록되어 있습니다. 그리고 기획서와 도면, 현장 사진, 견
적서와 정산서 등 몇 년이 지난 후에 열어보아도 바로 이

63

헤가 될 만큼 자료가 정리되어 있습니다.

또한 파일들을 쉽게 찾을 수 있도록 연도별로 관리하고 있습니다. 파일의 라벨은 똑같은 레이아웃과 글씨체로 제목 등을 깔끔하게 인쇄하고, 마땅히 있어야 하는 책장에 반듯하게 놓여 있습니다. 그래서 보고 싶은 파일이 어디에 있는지 매우 일목요연합니다.

디지털 데이터도 검색 한 번으로 쉽게 관리할 수 있을 것 같지만, 그 또한 그리 간단하지 않습니다. 기획서를 비롯하여 손으로 작성한 메모나 참고 자료, 확대 사진, 그리고 예산 계획서나 견적서 등······.

사실 다양한 자료를 보기 쉽게 정리하려면 아날로그적인 감각이 중요합니다. 아날로그 감각이 없다면 아무리 편리한 디지털 데이터를 갖추고 있다고 해도 이를 활용하지 못할 위험성이 있습니다.


'어떻게 하면 방대한 자료를 더욱 간단하게 정리할 수 있을까?'

이에 대한 해결책을 스스로 깊게 고민해야만, 디지털 기기에 휘둘리지 않고 효율적으로 잘 사용할 수 있습니다.

필요한 자료를 찾느라 허비하는 시간을 줄일 수 있다면 집중해야 할 업무에 더 충분한 시간을 할애할 수 있습니다.

저는 에버노트를 활용하여 다양한 데이터를 수집하고 정리하는데, 때때로 아무리 검색 키워드를 바꾸어가며 찾아보아도 필요 자료를 못 찾는 경우가 있습니다. '혹시 컴퓨터로 다른 일을 하다가 데이터가 삭제되었나?' 하는 걱정이 들 때도 있지요.

아무래도 데이터는 눈에 보이지 않는 것이라서 검색 인덱스가 붕괴되면 복구하기 어렵습니다. 물론 클라우드 저장도 100% 안전하지 않기 때문에 항상 어딘가에 백업해 두는 것이 필수입니다.


## ▌정리 정돈을 잘하는 사람은 업무 판단도 잘한다

한 억만장자는 주문 제작으로 전용 수납함을 만들 정도로 정리 정돈에 힘을 쏟습니다.

그 수납함의 서랍 가장 위 칸은 애용하는 차의 키가 딱 들어맞도록 열쇠 모양으로 제작할 정도의 정성을 들이기

노 힙니다. 그 밖에도 다양한 케이블을 수납하기 위한 서랍 등 재치 있는 아이디어를 활용하고 있습니다.

그의 꼼꼼한 성격 덕분이라고 생각하지만, 자료이든 작은 물건이든 상관없이 책상 위부터 방 안, 그리고 카메라 렌즈 보관을 위해 칸이 나누어져 있는 가방을 비즈니스 가방 안에 넣어 수납하는 등, 지갑은 물론 명함 지갑에 이르기까지 철저하게 정리합니다. 이런 사람을 본보기로 삼는다면 자신만의 정리 규칙을 확립하고 싶을 것입니다.

일단 서랍 안이 엉망진창이고 지갑이 터질 것만 같은 사람은 단샤리 방식(물건의 소비를 끊고, 불필요한 물건을 버리며, 물건에 대한 집착에서 벗어나는 방식)으로, 잘 버리는 것부터 시작해봅시다. 그리고 자신만의 정리 정돈 방식을 고민해보았으면 좋겠습니다.

자기 주변의 정리 정돈을 잘하는 사람은 업무 측면의 정리 정돈 또한 잘합니다. 정해진 시간 안에 버려도 좋은 업무(많이 중요하지 않은 업무)를 빠르게 판단할 수 있는 것입니다.

- 아날로그 방식으로 정리하는 힘을 기르기 시작하면 디지털 도구도 효율적으로 활용할 수 있다.
- 능숙한 정리 정돈 능력은 업무에 대한 판단력으로도 이어진다.

# 호기심을 잃지 않는다
## '설렘'을 찾아 움직이면 행동력을 익힐 수 있다

 

나이가 들어도 배움의 자세를 계속 유지하는 사람과 그렇지 않은 사람이 있습니다. 훌륭한 억만장자는 겸허하게 배우는 자세가 정말 대단합니다.

억만장자인 어느 경영자는 50세를 눈앞에 두고, 그동안의 일을 모두 정리하고 '인생의 마지막'에 어울릴 만한 일을 찾기 시작했습니다. 1년 동안 다방면으로 조사한 그는 그동안 하던 일과는 전혀 분야가 다른 건강식품 업계에 초점을 맞추었습니다.

또 어떤 억만장자는 '50세부터 다시 공부한다'는 목표를 내세우며 일본에서 개최하는 200개 이상의 세미나에 참여하다가 최신 웹 마케팅, 자산관리, 경영 방법을 배우기 위하여 샌프란시스코로 유학을 떠났습니다.

향학심이 부족한 사람은 성장 속도가 매우 느려서 뒤처지게 마련입니다.

예를 들어 아직 50세인데도 "모바일 메신저의 사용 방법을 몰라서 사용하지 않는다"라고 말하는 사람은 스스로 자신이 무능하다고 선언하는 것과 같습니다. 결국 바이러스 때문에 다른 사람에게 컴퓨터의 정보를 빼앗길 수도 있으니까, 비밀번호가 유출되면 안 되기 때문에, 블로그에 비난과 비방의 댓글이 쇄도하기 때문에 등 끝없는 변명의 향연이 이어집니다.

스스로 한 번도 움직이지 않고 마치 모든 걸 다 아는 듯한 표정으로 무섭다고 말하기만 하는 것입니다.

이러한 변명은 모두 '행동하고 싶지 않은' 자신을 정당화하기 위한 것입니다. 그들은 중심에서 빗나간 핑계라는 사실을 전혀 깨닫지 못합니다. 게다가 궤변으로 상대를 이기려 들기 때문에 잘못을 지적해주는 사람도 없습니다. 이런 인간과는 엮이는 만큼 시간을 낭비한다고 말할 수 있습니다. 40세에 가까운 직장인이 이런 식이라면 감당할 수가 없습니다.

사람은 누구나 '자신이 옳다'고 생각합니다. 하지만 그것도 정도의 문제입니다. 소크라테스가 말한 '무지의 지'를 언급할 필요도 없이, 인간은 '사실 나는 아무것도 모른다'는 겸허한 태도를 지니지 않는다면 배움은 불가능합니다.


## ■ 수동적인 태도는 이제 그만, 스스로 새로운 자극을 찾아서

배움의 동기부여와 추진력은 바로 호기심에 있습니다.

억만장자 중에는 왕성한 호기심을 가진 사람이 많습니다. 어떤 훌륭한 억만장자에게 우주여행에 관해 이야기하자, 그는 엄청난 기세로 전세기를 빌려 순식간에 무중력 체험을 예약해버렸습니다. 매우 큰 비용인데도 연락한 친구 몇 명이 모두 그 자리에서 바로 참여한다고 대답하여 깜짝 놀랐습니다.

그 자리에서 '한다'와 '하지 않는다'를 판단합니다. 즉, 일단 의사결정이 매우 신속합니다. '모든 정보가 갖추어질 때까지'라는 생각은 하지 않습니다. 일단 한다고 결정하고, 하는 방향으로 행동합니다. 이런 행동력과 결단력은 저도 꼭 배우고 싶습니다.

'가고 싶은 곳이 없다', '원하는 것이 없다', '요즘 설레는 일이 없다' 등을 입에 올리는 사람들이 있습니다만, 도대체 그 말이 무슨 의미가 있을까요.

자연적으로 두근거릴 수 없는 나이라면, 적극적으로 '자극'을 찾아 사람을 만나거나 정보를 수집하는 등 스스로 의식하고 움직이면 됩니다.

어떠한 일이라도 최초의 한 걸음이 가장 어렵습니다. 새로운 환경, 새로운 인간관계, 새로운 규칙. 익숙해지기까지는 시간도 필요하고, 스트레스도 있을 것입니다. 그래도 현장으로 발을 옮겨, 실제로 체험하고 몸을 움직이도록 합시다. 몇 번이고 시도하여 익숙해진다면, 마침내 그 즐거움을 이해할 수 있습니다. 원래 그런 것입니다.

누구나 새로운 체험의 '두근거림'을 경험한 적이 있을 것입니다. 젊었을 때의 체험은 대부분 처음 해보는 것들이었기 때문입니다. 중요한 것은 겁먹지 말고 '한번 도전해보자!'는 마음가짐입니다. 잠깐 발만 담근 수준에서 바로 그만둔다면 즐거움에는 도달할 수 없습니다.

어느 정도 할 수 있는 수준까지 조금만 참고 계속해봅시다. 즐거움은 바로 그 앞에 있습니다.

> **이렇게 해보자!**
>
> - 스스로 새로운 사람, 새로운 경험을 찾아 움직인다.
> - 우물쭈물 망설이지 말고, 무슨 일이든 한다고 결정하고, 하는 방향으로 움직인다.

# 독파할 기세로 책을 읽는다
## 사람은 '무엇을, 어디까지,
## 몇 권 읽고 있는가'로 판단된다

독서는 시대를 막론하고 지성을 키울 수 있는 중요한 수단입니다. 책만큼 효율적이고 폭넓게 지성에 작용하는 것은 없습니다. 한 달에 최소한 10권, 가능하다면 20권은 읽고 싶을 정도입니다.

저는 가능한 한 서점을 방문하여, 눈에 띄는 책을 바로 구매하고 집에 쌓아두려 합니다. 이러한 구매 방법이 다독의 원천입니다. 책을 많이 읽는 요령은 그날의 기분에 따라 책을 선택하는 것입니다. 구매한 책 중에서 기분 좋게 만들어줄 책을 선택하려면 소유한 책이 최소 50권 이상은 되어야 한다고 생각합니다.

하지만 이는 종이책만 있던 시실의 이야기입니다. 발매되는 전자책의 종류가 점점 풍요로워지는 요즘, 젊은 세대에게는 책을 사두는 습관이 익숙하지 않을 수도 있습니다. 저는 개인적으로 종이책을 좋아해서 아직도 책을 계속 구입하고 있습니다.

지금까지 알고 지내는 억만장자와는 대부분 모바일 메신저나 페이스북 등으로 이야기를 나누는데, 그 가운데 도움이 되는 책의 정보, 화제가 되는 책의 감상 등은 대화할 때 매우 유익합니다.

"이 책 읽어보셨나요?"

"물론 읽었습니다!"

"타로 씨, 이 책을 읽으셨다면 다른 이 책은 어떤가요?"

"아, 그것도 저번 주에 읽었습니다!"

"역시 타로 씨네요."

이런 대화를 편안하게 할 수 있습니다.

같은 책을 똑같이 재밌다고 느낀다면 그것은 서로의 취향이 비슷하다는 증거입니다. 이야기를 나눌수록 상대의 독서 경향과 선호 장르를 알 수 있어 자연스럽게 가까워질 수 있습니다. 예를 들어 상대방의 취향이 필독 베스트셀러인지, 화제가 되는 영화 원작인지, 전국 시대의 용맹한 무사 이야기인지, 최신 비즈니스 도서인지, 부동산 투자 등의 금융 관련 도서인지, 이러한 정보를 바탕으로 상대방에 대한 접근 방법을 고민할 수 있습니다.

구체적으로 '이런 신간이 출간되었어요', '고전이라면 이런 책이 있습니다' 등 상대방에게 도움이 되는 정보도 전달할 수 있습니다. 이는 책뿐만이 아니라 만화나 영화, 음악이나 레스토랑, 호텔 등으로도 응용할 수 있습니다. 포인트는 '공감'입니다.


## ▌암호는 "이 책은 읽어보셨나요?", "네, 읽었습니다!"

제가 억만장자와의 이런 대화 속에서 깨달은 것이 '독파'라는 키워드입니다.

시바 료타로를 예로 들어보겠습니다. 《료마가 간다》부터 읽기 시작하여 《나라 훔친 이야기》, 《언덕 위의 구름》, 《올빼미의 성》, 《나는 듯이》 등의 장편을 차례로 읽어나갑니다. 그의 저작은 70편에서 100편 정도라고 알려져 있습니다. 그러니 그의 모든 작품을 끝까지 읽으려면 1년 이상 걸리겠지요.

기타카타 겐조의 경우, 하드보일드* 형식의 책만 95권, 그 외에 소설과 에세이를 포함하면 200권은 가볍게 넘기기 때문에 계속해서 그의 작품을 맛볼 수 있습니다.

이런 위치에 있는 작가들의 저작을 '독파'하기란 그리 간단하지 않습니다. 그럼에도 의도적으로 이런 독서 방법을 취하는 것입니다. 핵심은 이 책을 '독파한다'는 의식을 갖고 독서하는 것입니다.


'독파'라는 단어가 마음속에 새겨지면, 다음 단계는 '장르 독파'입니다.

예를 들어 파이낸스와 테크놀로지의 합성어인 '핀테크'에 대해 알고 싶다면 아마존에서 '핀테크'를 검색하여 마음에 드는 책은 전부 읽는, 한 번에 대량 구매하는 방식으로 독서를 해봅시다. 2019년 1월 기준으로 '핀테크'를 검색해보면, 300건 이상 노출되고 있습니다.

아무래도 현실적으로 300권 이상의 책을 전부 구매하

---

* 하드보일드(hard-boiled)는 장르라기보다는 스타일을 말하는 것으로, 1930년을 전후하여 미국 문학에 등장한 새로운 사실주의 수법이다.

기는 어려우니 먼저 입문용 책을 두 권 고른 후, 다음에는 최근에 발간되었거나 평점이 높은 책, 제목과 표지가 마음에 드는 책을 10권 정도 고릅니다. 아니면 수많은 책이 진열되어 있는 서점의 핀테크 관련 책장에서 책 10권 정도를 고릅니다. 책을 구입한 후에는 닥치는 대로 읽어 방대한 지식을 머리에 새겨둡니다.

억만장자에게 "이 책을 읽어보셨나요?"라고 질문하여 "네, 읽었습니다" 하는 답변을 듣는다면, 그다음에는 "그렇다면 이 책은 읽어보셨나요?" 하는 질문으로 이전보다 더 높은 수준의 책을 제시합니다.

"당연하죠!"

이런 대답이 돌아온다면, 그는 핀테크와 관련된 정보를 공부하고 있다는 사실을 알 수 있습니다. 즉, 입문 단계의 이야기는 생략해도 괜찮다고 판단할 수 있는 것입니다. "이 책을 읽고 있습니다" 하는 한마디로 서로의 수준을 확인할 수 있습니다.

스티븐 코비의 《성공하는 사람들의 7가지 습관》이나 피터 드러커의 책을 예시로 든다면 이렇습니다.

"《성공하는 사람들의 7가지 습관》이라는 책을 읽어보셨나요?"

"네, 읽고 있습니다."

"그 책을 몇 번이나 읽으셨나요?"

"너무 좋아하는 책이라, 열여덟 번 읽었습니다."

"대단하군요!"

이러한 대화의 흐름이 이어진다면, 더 이상 이야기하지 않아도 상대방의 가치관까지 파악할 수 있겠지요.


## ▌사람의 인상은 '그가 읽은 책'을 통해 상대방에게 전해진다

독서를 해도 '책을 읽고 있다'는 사실을 다른 사람에게 공유하지 않고 끝나는 것은 매우 아까운 일입니다. 자신이 읽은 책에 대하여 누군가에게 이야기하는 것은 자기 PR의 수단으로도 활용할 수 있기 때문입니다. 반대로 "저는 책이 어려워서 독서를 싫어합니다" 하는 발언은 스스로 "나는 바보입니다"라고 선언하는 것과 같습니다.

저라면 회사 면접에서 "평소에 독서는 얼마나 하나요?" 하는 질문에 "책을 전혀 읽지 않습니다"라고 대답하는 것을 당당하게 여기는 사람은 채용하지 않을 것입니다. "전혀 읽지 않는다"라고 대답하는 사람은 거의 없을 테지만

"독서 속도가 느려서 한 달에 한 권 정도 읽습니다"라고 대답하는 사람이 의외로 많아 깜짝 놀랐습니다.

'나는 상대방에게 어떻게 보일까? 또 어떻게 보이고 싶은가?'

깊게 고민하고 시뮬레이션해야 할 것입니다.


저는 단순히 독서를 많이 하는 사람을 존경합니다. 그리고 알기 쉽고 재미있게 해설하는 사람을 좋아합니다.

최근에는 구글 검색이나 위키피디아만 있으면 충분하다며, 독서를 통해 지식을 쌓을 필요가 없으며 독서가 시간 낭비라고 생각하는 사람도 있는 듯합니다.

그러나 저는 그런 의견에 찬성할 수 없습니다. 문맥을 파악하는 능력이나 다양한 정보 속에서 올바른 정보와 의심스러운 정보를 구별하는 능력은 독서량에 의해 향상된다고 생각하기 때문입니다. TV에서 말해주지 않는 이야기, 인터넷에서 널리 퍼지는 가짜 뉴스나 조작된 정보 등 드러난 정보에만 반응하는 것은 너무 천진난만한 것입니다.

누가 뭐라고 하든 독서량이 엄청난 사람은 그 사실만으로도 존경받습니다. 독서 습관을 갈고닦아, 정보를 발신할 수 있는 사람이 되기를 바랍니다.

여담이지만 몇 권을 한꺼번에 읽으려면 전자책 리더기가 가장 적합합니다. 무엇보다 놀라울 정도의 가벼움! 반신욕을 하며 사용할 수 있는 방수 기능과 페이지를 넘기는 버튼 등 뛰어난 조작 기능을 갖춘 전자책 리더기도 출시되었습니다. 출장이나 해외여행을 갈 때, 최강의 친구가 될 것입니다.

> **이렇게 해보자!**
>
> - 저자와 장르, 두 가지 방향에서 '독파'하려는 마음가짐으로 책을 읽는다.
> - '지금 읽고 있는 책'을 통해 당신과 당신의 가치관이 판별된다.

# 시뮬레이션의 달인
## 예측 불가능한 상황에서도 즉시 대응할 유연성이 있다

　태국 푸껫에는 '아만푸리'라는 전설의 호텔이 있습니다. 아만푸리는 오픈할 당시 숙박 요금이 다른 고급 호텔의 3배 이상이었는데도 세계의 유명인사를 매료시킨 아만 리조트*의 첫 번째 호텔입니다.

　저에게 아만 리조트를 알려준 훌륭한 억만장자는 흡사 '아만 중독자'라고 할 정도로, 세계 33곳의 아만 리조트 가

---

\* 아만 리조트는 동남아시아를 중심으로 유럽과 미국 등 21개국 33개 도시에서 소규모의 호화스러운 리조트를 운영하는 호텔 그룹이다. 아만은 '평화, 머무름, 안녕' 등을 의미한다.

운데 이미 28군데를 방문했습니다. 가보지 않은 곳이 이제 5곳 남았다고 말할 정도로 아만 리조트에 빠져 있습니다.

이런 이야기를 몇 번이나 들은 저도 방문해보고 싶은 마음이 생겨 2012년 9월, 스리랑카에 있는 '아만갈라'와 '아만웰라'를 시작으로, 필리핀 팔라완의 파말리칸섬 전체가 모두 리조트인 '아만풀로', 그리고 푸껫에 있는 첫 번째 아만 리조트인 '아만푸리'에 다녀왔습니다.

일본에는 아만 그룹 최초의 도시형 리조트인 '아만도쿄'와 이세시마 국립공원 안에 위치한 '아만네무', 두 곳이 있습니다. 물론 이 두 곳의 아만 리조트는 바로 숙박해보고 왔습니다.

최고급 리조트인지 아닌지는 아무래도 인터넷이나 사진만으로는 알 수가 없습니다. 접객 서비스의 퀄리티, 완벽하게 계산된 가구의 배치부터 집기류, 그리고 아만의 창시자인 아드리안 재차의 이념 등은 실제로 머물러보아야 피부 감각으로 느낄 수 있습니다.

'경험하고 나서야 비로소 알게 되는 세계가 있다'라는 말은 이런 것입니다. 최상의 경험으로 자신이 가지고 있던 '최고'에 대한 기준이 높아지게 됩니다. 경험하지 않으면 기준은 새롭게 갱신되지 않습니다. 경험만이 자신의 고정된 눈금을 움직이는 것입니다.

저는 억만장자와 함께 여행할 때마다 그들의 머릿속에 '세계지도가 그려져 있어!' 하며 깜짝 놀라곤 합니다. 구글 맵 애플리케이션을 손가락으로 움직이면서, "여기가 슬로베니아의 항구 마을 피란이니까, 베네치아까지 정말 금방이구나!"라며 술술 말하는 것입니다. 로마와 밀라노, 베네치아와 모데나, 그리고 시칠리아의 위치를 순식간에 가리켰습니다. 마찬가지로 니스와 칸, 앙티브 등 프랑스 남부 도시나 모나코에 대해서도 완벽했습니다.

"좋았어! 베네치아로 가자!"

이렇게 결정하고는 "출발 전날은 후쿠오카에서 머무르니까, 먼저 한국 인천공항으로 가서, 거기서 루프트한자 비행기를 타고 뮌헨을 거쳐 베네치아의 마르코폴로 공항으로 가면 되겠군!" 하며 눈 깜짝할 사이에 경로 계획을 완성했습니다.

실제로 가본 적이 없는 장소도 여정을 술술 대답해서 너무 놀랐습니다. "어떻게 아시나요?"라고 직접적으로 물으니 "가본 적은 없어도 언제나 스스로 계획을 세우고 있으니까 머릿속에 들어 있지"라는 대답이 돌아왔습니다.

'그렇구나. 매일매일 시뮬레이션으로 훈련한 덕분이군'
하며 납득하게 되었습니다.


## ▌가본 적 없는 장소에 대한 동경이 업무의 원동력으로

훌륭한 억만장자는 여행을 좋아하는 사람도 잘 찾지 않
을 법한 '아는 사람만 아는 리조트'를 잘 알고 있습니다.

참고로 제가 가고 싶은 여행지는 프랑스의 '디나르'라
는 작은 도시입니다. 만 위에 떠 있는 수도원으로 유명한
몽생미셸에서 서쪽으로 50km 정도 떨어진 곳에 있는 영
국 부르주아 계급의 보양지였던 곳입니다.

디나르에 흥미를 갖게 된 계기는 피카소 때문입니다. 피
카소는 아내와 자녀가 있던 마흔 무렵에 무려 15세 소녀를
사랑했습니다. 파리에서 만난 그 소녀와 떨어지고 싶지 않
았던 피카소는 아내, 자녀와 함께 디나르의 바다를 방문했
을 때도 소녀와 친구들을 옆 해변으로 불러들였습니다. 적
절한 때를 틈타, 가족에게 "볼일이 있다"며 거짓말하고 피
카소가 소녀와 밀회한 그 무대가 바로 디나르입니다.

그 밖에도 프랑스 남서부의 바스크 지방에 있는 도시

'비아리츠'나 호주 시드니의 도시 '본다이 비치' 등 '이번에는 어디로 갈까?' 하는 설렘의 상상은 업무 수행의 원동력으로도 이어집니다.

최적의, 또는 쾌적한 여행의 계획과 마찬가지로 업무 또한 최적의 방법과 효율성을 끊임없이 시뮬레이션한다면 어떤 돌발적인 안건과 마주해도 동요하지 않고 임기응변으로 대응할 수 있습니다.

행동의 원천은 욕구(정보)입니다.

마쓰시타전기의 창업자 마쓰시타 고노스케 사장은 "욕망은 인간이 살아 있다는 표현이다. 모든 욕망을 억누를 필요는 없다"라고 했습니다.

여행을 좋아하는 억만장자는 일에서도 시뮬레이션의 달인이라고 할 수 있습니다.

언제나 안테나를 켜고 정보를 끊임없이 수집하여 시뮬레이션을 즐겨봅시다.

- 자신이 가진 '최고'의 기준이 확 높아질 만한 높은 수준의 경험을 한다.
- 여행도, 일도 매일 시뮬레이션 단련으로 유연하게 대응할 수 있다.

a billionaire

great
habit

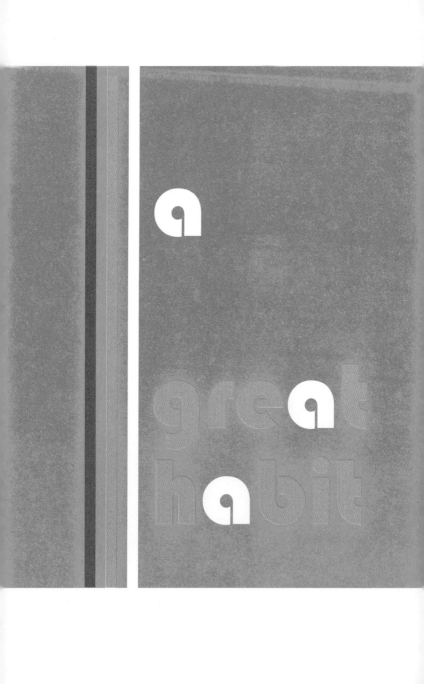

억만장자의 엄청난 습관

Chapter 2
일상생활 습관

# 이른 아침의 한 시간을 소중히 한다
## 아침 루틴이 쾌적한 하루를 보장한다

최근 아침 일찍 미팅 혹은 독서 모임을 하는 등 이른 시간에 자기계발을 꾀하는 '미라클 모닝'이 유행하고 있습니다.

인간은 나이가 들수록 점점 아침형 인간이 됩니다. 일반적으로 나이를 먹으면 먹을수록 점점 기상 시간이 빨라진다고 합니다.

나이가 기상 시간에 영향을 미친다고는 하지만, 억만장자 대부분은 아침 일찍 일어납니다.

49세가 된 저도 매일 아침 6시쯤에는 눈을 뜹니다. 전날 아무리 밤늦게 귀가했어도 아침 6시에서 6시 30분 사이에는 기상합니다.

일어나면 바로 모바일 메신저를 켭니다. '아침 일찍 메시지 보내는 것은 민폐 아니야?'라고 생각하지 말아주세요. 저도 아침형 인간이지만, 상대방도 아침형 인간이기 때문입니다. 이렇게 둘 다 아침형 인간이라면 아무 문제도 없습니다. 오히려 누구에게도 방해받지 않는 귀중한 시간을 사용하여 깊이 있는 대화를 나눌 수 있습니다.

'일찍 일어나는 새가 벌레를 잡는다'는 격언처럼 인터넷이 활발한 오늘날에도 이 말은 꼭 들어맞습니다. 지금이라면 결국 3,000만 엔, 아니 3억 엔의 이득이라고 말할 수 있을 정도의 가치가 있다고 생각합니다.

그뿐만 아니라 금액의 환산을 넘어 가치를 창조하는 때도 있습니다.

예를 들어 '아침은 뇌의 골든타임'이라는 과학자의 말처럼, 아침 제일 처음의 뇌는 좋게 말하면 아무것도 없는, 앞으로 무엇이든 넣을 수 있는 만반의 준비가 된 상태입니다. 그렇기에 이른 아침은, 참신한 아이디어가 떠오르고 다른 사람의 방해받는 일 없이 척척 일을 준비하며, 중대한 안건을 꼼꼼히 검토할 수 있다는 장점만 가득한 것입니다.


## ▌아침을 통제하는 자가 인생을 통제한다

저와 매우 친한 어느 억만장자의 이야기입니다.

그는 아침 5시 30분에 기상하여 상온의 미네랄워터 한 잔과 녹즙기로 짠 영양분 가득한 야채 주스를 마신다고 합니다. 그는 무슨 일이 있어도 몸에 좋지 않은 음식을 입에 넣지 않습니다. 그 후, 간단히 스트레칭하고 날씨가 좋으면 가볍게 러닝을 합니다. 적당한 템포로 구성된 음악 플레이리스트로 기분을 끌어올린다고 합니다. 집에 돌아와 샤워로 말끔히 땀을 닦아내고, 10분간 명상을 합니다(비가 오는 날은 명상을 길게 한다고 합니다). 그리고 드디어 출근 준비를 합니다.

가벼운 러닝에 명상까지 하다니! 상당히 여유로운 아침이지요.

"하루의 시작인 아침을 기분 좋게 보내면, 그날을 좋은 방향으로 통제할 수 있어."

그는 이렇게 말합니다.

이토록 훌륭한 아침 루틴은 없을 것입니다.

일이 끝나지 않아 밤늦게까지 야근을 한다. 늦은 밤, 녹초가 되어 귀가하여 그대로 기절하듯 잠이 든다. 다음 날 아침은 출근 시간에 맞춰 아슬아슬하게 일어나, 멍한 정신으로 흔들리는 출근 지하철에 올라타 회사로 향한다……. 이러한 상태로는 아침 시간을 충실하게 보내지 못할뿐더러 아침에 일어나자마자 업무에 적응하고 집중하기조차 힘들 것입니다.

아침 시간을 충분히 활용하려면 무엇보다 일찍 기상하는 것이 중요합니다.

자, 그럼 내일은 몇 시에 기상할 예정인가요?

---

**이렇게 해보자!**

- 이른 아침이 하루의 골든타임이다. 아침 일찍 일어나는 습관을 들인다.
- 하루를 쾌적하게 보낼 수 있는 아침 루틴을 만들어 실행하자.

# '개인 연간 계획'을 세운다
## 스케줄 규칙을 정하여 '기적의 1주일'을 만든다

제가 제안하는 방법은 개인 연간 계획을 세우는 것입니다.

기업의 명확한 '연간 계획'과 달리, 개인의 연간 계획은 모호한 경우가 대부분입니다. 자기 계획을 최우선으로 세우지 않으면 다른 사람 혹은 회사 업무 일정에 점점 휘말려 꼼짝도 못 하게 마련입니다.

그러니 업무 일정에 시간을 빼앗기기 전 개인 일정을 얼른 넣어버리자는 것입니다. 예를 들어 '나는 무조건, 이 일정으로 재충전을 위해 이탈리아로 떠날 거야!'처럼, 자신의 예정을 가장 우선으로 생각하여 계획합니다. 반년 정도 시간적 여유가 있다면, 또 그런 기분이 들었다면 얼마든지 조정할 수 있을 테지요.

'하지만 분명 일 때문에……' 하는 식의 변명만 늘어놓는다면 언제까지고 여행은 갈 수 없습니다.


한 해의 시작인 1월 1일, 그 해의 연간 계획을 세우는 사람이 많습니다. 하지만 저는 항상 한 달이 시작되는 날부터 앞으로 1년의 연간 계획을 고민합니다. 마치 '예약이 어려운 레스토랑'처럼 한 달의 시작과 함께 계획을 갱신하는 것입니다.

예를 들어 저의 수첩에는 2019년 2월 4일 시점에 이미 2020년 2월 말까지의 출장 계획이 적혀 있습니다.

제가 전하고 싶은 이미지를 이해하셨나요?


이런 방법으로 연간 계획을 세우는 습관은 제 인생의 스승인 오카베 다카시 씨에게 배웠습니다. 오카베 씨는 주로 온라인 판매 사업과 컨설팅을 하고 있을 뿐 아니라, 2004년부터 이어져온 '감사의 조례'로도 유명한, 주식회사 코코시스의 회장입니다.

구체적으로 제가 실천하고 있는 일들은 다음과 같습니다.

- 매월 첫 번째 금요일은 후쿠오카에서 업계 관련 공부 모임
- 매월 두 번째 수요일은 도쿄에서 이사회 모임
- 매월 두 번째 금요일은 교토에서 미팅
- 매월 세 번째 금요일은 후쿠오카에서 공부 모임

이런 식으로 5일 또는 12일이라는 날짜가 아니라, 두 번째 금요일 또는 세 번째 월요일처럼 '몇 번째 무슨 요일'로 정하는 것입니다. 그리고 그 규칙을 깨지 않고 지키고자 노력합니다. 이러한 방법은 일정표를 보지 않고도 그 주에는 어느 도시에 있는지 연간 일정을 간단하게 파악할 수 있도록 도와줍니다.

한 가지 요령은 앞뒤로 너무 빡빡하게 일정을 채워 넣지 않는다는 것입니다.

갑자기 '내년 8월 둘째 주 정도에는 일정이 어떠신가요?'라는 질문을 받아도 자신의 스케줄의 규칙성을 기억하고 있다면, 달력을 보자마자 바로 '그 주는 도쿄에 있으

니까 괜찮습니다. 만날 수 있어요!'라고 답장할 수 있습니다. 결정된 약속은 바로 일정으로 써넣지 않으면 잊어버릴 위험성이 있으니 주의해야 합니다.

스케줄의 규칙성을 어느 정도 기억하고 있다면, 바로바로 장소의 예약을 확정할 수 있습니다. 꽤 효과적인 방법이므로 꼭 한번 시도하길 바랍니다.

또 약속은 띄엄띄엄 분산하여 잡지 말고, 가능한 한 집약적으로 모으는 것도 중요합니다. 그리고 약속이 없는 날을 만들어둡니다. 약속이 있는 날의 연속(주), 약속이 없는 날의 연속(주)을 만든다면, 강약 조절이 가능한 스케줄이 됩니다.

상상해보길 바랍니다. 일주일 내내 약속이 없는 '기적의 일주일'이 가능하다니, 생각만 해도 설레지 않나요?


**▋루틴의 예정은 생각하지 않아도 흘러가도록!**


시간 사용 방법에 대한 요령은 그 밖에도 많습니다.

저는 업무 때문에 연 70회 정도 비행기에 탑승하는데,

후쿠오카에서 도쿄로 가는 비행기는 아침 가장 빠른 항공권으로 예약합니다. 어지간히 특별한 사항이 없는 한, 모두 일본항공의 제일 첫 번째 비행편을 이용하고 있습니다.

이렇게 비행 스케줄을 고정해두면 '내일 비행기는 몇 시였지?'라고 확인할 필요가 없어집니다. 매우 간단한 규칙이지요. 물론 후쿠오카로 돌아가는 비행기도 일 년 내내 일정한 시간으로 예약하고 있습니다.

게다가 매번 같은 시간에 비행기를 타서 집으로 택시를 부르는 시간도 동일합니다. 비행기 출발이 한 시간이라도 달라지면 도로의 혼잡 상태가 달라집니다. 아침 8시부터 9시까지는 출근 시간과 겹치기 때문에 아무래도 도로 정체에 걸리기 쉽습니다. 이러한 사정을 고려하여 택시를 예약해야만 하는 것입니다.

아침 7시, 첫 번째 비행기라면 교통 체증을 신경 쓰지 않아도 돼서 공항까지 15분 만에 도착합니다. 아침 10시 비행기라면 정체된 도로의 영향으로 최소 40분 정도 여유를 가지고 출발해야만 합니다. 공항 내에서의 수속 등의 과정도 고려한다면, 제일 빠른 비행기에 비해 총 한 시간 정도의 시간적 여유가 더 필요합니다.

저는 '아침 제일 빠른 비행기'를 탄다는 규칙이 있어서 집으로 택시를 부르는 시간 또한 몇 년 동안 아침 6시 10분으로 정해져 있었습니다. 그 덕분에 택시 예약도 매우 간단합니다.

"오카자키입니다. 공항까지 항상 같은 시간에 부탁드립니다."

"오카자키 님이시군요. 예약 완료되었습니다. 언제나 감사드립니다."

물론, 항상 똑같은 택시 회사에서 예약하고 있습니다.


이는 업무에도 응용할 수 있는 규칙입니다.

루틴으로 만들 수 있는 업무는 그 규칙을 명확하게 정해 둡니다. 정리할 수 있는 것은 일원화합니다. 규칙을 일원화하는 것은 언뜻 보기에 난감해 보이는 스케줄도 편하게 만들어줍니다.

---

**이렇게 해보자!**

- 일정 관리에 간단한 규칙을 도입하고, 매달 초에 갱신한다.
- 약속이 있는 주와 없는 주를 한 묶음으로 하여 일정을 관리하면 스케줄의 강약을 조절할 수 있다.

# 어포메이션을 매일 외친다
## 기분 좋게 만드는 비장의 말버릇을 정한다

'어포메이션'이라는 단어를 알고 있나요? 혹시 이를 안다면 지금 실행하고 있나요?

어포메이션(affirmation)이란 '긍정적인 단언과 맹세'를 의미합니다. 어포메이션으로 가장 유명한 문장을 소개합니다.

'나는 모든 면에서 날마다 점점 좋아진다.'

이는 에밀 쿠에*가 만든 가장 강력한 문장입니다. 스스로 어포메이션을 고민하기 귀찮은 사람은 에밀 쿠에의 문

---

*에밀 쿠에는 20세기 초에 프랑스에서 활동한 자기암시법(쿠에 요법) 창시자이다. 긍정적인 사고의 원조자라고도 하는데, 저서로 《자기암시》가 있다.

장을 활용하는 것도 괜찮은 방법입니다. 매일 아침, 큰 소리로 태양을 향해 어포메이션을 입 밖으로 내뱉는다면 분명 멋진 억만장자에 가까이 다가갈 수 있을 것입니다.

참고로 저는 '나는 천재구나'라는 어포메이션을 좋아합니다. 저는 지금도 무슨 일이 있을 때마다 '나는 천재구나'를 되뇌며 저 자신을 응원하고 있습니다.

"나는 이미 천재니까 어쩔 수 없지"하며 싫증 내지 않고 일상적으로 내뱉습니다. 그러면 정말 신기하게도 천재적인 뭔가가 번쩍 터지거나 예상치 못하게 성과로 이어지는 아이디어가 샘솟습니다. 그때마다 저는 다시 한 번 "천재라서 어쩔 수 없네"라고 중얼거리곤 합니다.

이는 어디까지나 저의 경우입니다. 중요한 점은 '매일 스스로 납득하고 외칠 문장인가'입니다.

## ▌의외로 무시할 수 없는 말의 힘

어느 외국인이 저에게 깨달음을 준 단어는 '간단'입니다. 그는 언제나 "타로, 간단해. Step by step(한 걸음 한 걸음씩)! Very simple(매우 간단해)! 모든 일이 간단하니까!"

라고 말하곤 했습니다.

그는 일종의 암기처럼 "간단, 간단, 세상에 그렇게 어려운 일은 없어. 돈도 바로 빌릴 수 있을 거야. 또 금방 좋은 회사가 될 수 있어! 매출도 쭉쭉 올라갈 거야! 간단! 바로 이익이 나서 금방 돈을 벌 수 있어. 주식 상장도 간단해! 이제 곧 가능할 거야!"라고 했습니다.

분명 그의 어포메이션이었겠지요. '간단'이라는 단어를 계속 외치는 것입니다.

물론 실제로는 그리 간단하게 상황이 개선되지는 않겠지요. 좋은 회사로의 성장도, 매출 증대도, 주식 상장도 그 여정은 매우 험난합니다.

하지만 그렇기에 더더욱 '간단'하다고 생각해야 하는 것 아닐까요?

직원, 거래처 파트너, 고객, 은행원, 컨설턴트 등 세상 사람 대부분이 "어렵다"며 탓하고 있습니다. 최소한 자신만이라도 '간단, 간단, 간단! 싱겁게 해결해버리자!'라고 자신을 다독이며 앞으로 나아가지 않는다면, 아무것도 시작되지 않습니다. 감정적으로 패배해버리면 승부를 겨루는 무대조차 올라갈 수 없습니다.

외국인인 그는 '간단'이라고 스스로 되새기면서 그 허

들을 단숨에 뛰어넘을 용기와 결단력을 저에게 준 것이겠지요.

어포메이션 속에 담긴 신비한 힘을 믿어봅시다. 이러한 믿음으로 나 자신을 격려하고 응원하는 말을 매일매일 외쳐봅시다.

항상 돈에 시달리면서 '하, 오늘도 돈이 부족하네!' 하며 탄식하고 있지 않나요?

그러지 말고 '와! 오늘은 돈이 이만큼이나 있어!', '무슨 이런 행운이! 임시 수입으로 돈이 생겼어!'라며 수중에 돈을 가지고 있는 상황, 돈이 들어오는 상황을 상상하며 돈의 풍족함에 감사하는 것입니다.

이때, 원하는 만큼의 돈이 있다고 생각하고 행동하는 것이 요령입니다.

---

**이렇게 해보자!**

- 자신을 응원하고 용기를 북돋우는 말버릇을 찾아 매일매일 소리를 내어 말한다.
- 매사에 감사하며 자신의 소망이 이미 이루어진 것처럼 생각하고 행동한다.

---

# 불안을 통제하다
### '지금'에 집중하면 긍정적인 마음을 유지할 수 있다

현재 저의 주요 업무는 온라인 판매에 특화된 경영 컨설팅입니다. 날마다 다양한 규모의 회사 경영자들에게 많은 상담을 해주고 있습니다. 그들과의 대화 중에는 '불안'이라는 단어가 자주 등장합니다.

연 매출 20억 엔 규모의 기업 사장은 현재 경쟁사가 광고에 주력하고 있어서 내년에는 당사의 실적이 떨어질지도 모른다며 '불안'을 입 밖으로 누설합니다.

연 매출 50억 엔 규모의 기업 사장도 회사에서 리더가 육성되지 않아, 앞으로 직원들에게 더 부담을 지우면 그들이 무너질지도 모른다는 운영에 대한 '불안'을 입 밖으로 내뱉습니다.

유감스럽게도 불안을 입 밖으로 내뱉는 사장들은 자신의 발언이 어떤 의미가 있고, 어떤 영향을 미치는지 모르고 있습니다.

지금까지 제가 만났던, 높은 수준의 성공을 유지하고 있는 억만장자는 스스로 불안이나 부정적인 발언과 단어를 절대 입 밖으로 꺼내지 않습니다. 무조건입니다.

그 이유는 '마이너스를 끌어당기는' 법칙을 뼛속 깊이 이해하고 있기 때문입니다. 긍정적인 말을 입버릇처럼 하는 것이 좋다는 사실은 억만장자뿐만 아니라, 이미 많은 사람의 상식이 되었습니다. 하지만 그런데도 앞의 사장들 사례처럼 사람들은 '불안'을 입 밖으로 내뱉고 마는 것입니다.

훌륭한 억만장자는 자신이 다른 사람보다 '끌어당기는 힘'이 강하다는 사실을 명백히 인지하고 있습니다. 게다가 그 힘은 긍정은 물론, 부정적인 것에도 똑같이 강하게 작용한다는 사실을 경험을 통해 잘 알고 있습니다. 즉, 성공하고 있을 때의 올바른 회전이, 그대로 똑같은 힘으로 불안의 역회전이 되는 무서움을 이해하고 있는 것입니다.

진정한 억만장자는 이 법칙을 자신만의 표현으로 간결하게 설명할 수 있습니다. 그리고 자신의 생각이나 감정이 불안으로 향하지 않도록, 에너지의 중심으로부터 0.1mm도 벗어나지 않는 강한 힘을 겸비하고 있습니다. 그렇기에 진정한 억만장자는 안이하게 '불안을 표현하지 않는' 것입니다.

미래가 불안하다고 말하는 사람이 '아직 진정한 경지에 도달하지 못한 상태'처럼 보이는 것도 어쩔 수 없지요.

"불안하다. 불안해서 미치겠다"라고 말하는 것으로 끝내지 말고, 스스로 어떻게 대처해야 하는지, 불안을 떨쳐내는 방법을 배웁시다.


■ '필요 이상으로 생각하지 않는' 것이
　불안을 해소하는 최고의 방법


저는 중요한 사실을 하나 배웠습니다.
'불안은 스스로 통제할 수 있다.'

이는 낙관주의자가 되라는 의미가 아닙니다.

인생을 살아가며 갖가지 불안 요소를 마주하는 것은 너무나 자연스러운 일입니다. 불안의 원인 중 절반 정도는 돈에 대한 불안, 경제적인 불안이 차지하고 있습니다.

그 외의 불안은 '이 프로젝트는 성공할까?', '이 상품은 잘 팔릴까?', '회사의 미래는 편안하고 무사할까?', '지금 짓고 있는 집은 문제 없이 완공될까?' 등 눈앞의 성공에 대한 불안, 미래 전망에 대한 불안이라고 할 수 있겠지요.

조금 더 주위에서 흔히 듣고 볼 수 있는 사례로 결혼해서 행복한 가정을 이루었는데도 '지금은 행복하지만, 3년 후에는 배우자가 바람을 피워서 가정이 붕괴되는 것은 아닐까?', '나는 암 가족력이 있는데, 나도 암에 걸려 오래 살지 못하면 어쩌지?' 등 어떤 불안에 끊임없이 시달리는 사람이 의외로 많습니다.

그 불안의 규모가 조금 더 큰 사람이라면 '원자력 발전 사고에 의해 방사능에 노출되는 것이 무섭다', '조만간 제3차 세계대전이 일어나지 않을까?' 등 끝이 없습니다.

반복해서 말하지만, 지금 이 순간 걱정해도 소용이 없는 일은 과도하게 생각하지 않을 것! 자신의 힘으로는 도저히 불가능한 일을 필요 이상으로 고민해도 방법은 없습니다.

"내일은 내일의 태양이 뜬다."

영화 〈바람과 함께 사라지다〉에 나오는 명대사입니다. 말 그대로입니다. 내일의 걱정은 내일 하는 수밖에 없습니다. 10년 후의 일을 이것저것 걱정한 나머지 눈앞에 놓인 일이 손에 잡히지 않는다고요? 지금은 현재를 어떻게 열심히 살 것인가를 고민하고 행동할 때입니다. 아직 일어나지 않은 일을 걱정하고 불안해할수록, 그 불안은 현실에서 일어나고 맙니다. 세상은 그렇게 프로그램화되어 있습니다.

'그러므로 내일 일을 위하여 염려하지 말라. 내일 일은 내일이 염려할 것이요 한 날의 괴로움은 그 날로 족하니라.'(마태복음 6장 34절)

예수 그리스도의 말이 가슴 깊이 와닿습니다.

이렇게 해보자!
- 말의 힘은 긍정적으로도, 부정적으로도 똑같이 작용한다.
- 필요 이상으로 고민하지 말고, 현재를 열심히 살자.

# 1초 만에 새롭게 바꾸다
## 기분을 단숨에 전환하여
## 부정적인 감정을 끌고 가지 않는다

획기적인 세제 워시레볼루션 21과 이불 압축 봉투, 졸링
겐 식칼 등 다양한 홈쇼핑 히트 상품을 만들어내며 지금까
지 1,000억 엔 이상의 판매를 해온 주식회사 내추럴키친
의 오카다 노부키 사장은 현재 스무디 음료를 중심으로 건
강식품 수탁 제조사업을 하고 있습니다.

어느 날, 최종 상품에서 잔여 농약이 검출되는 충격적인
사건이 발생했습니다. 조사해보니, 원인은 일본산 무농약
여주 분말에 있었습니다. 상품의 1% 정도 향신료 수준으
로 배합하는 여주 분말이었지만, 잔여 농약이 기준치를 크

게 초과했다는 사실은 변함이 없어 무두 폐기 처분하게 되었습니다. 원료와 가공비, 그리고 폐기 처분 비용까지 통틀어 5,400만 엔의 손실이 발생했습니다. 제품화하기 전, 여주 분말을 입고했던 시점에 개별적으로 검사를 시행했었다면 손실은 80만 엔에 그쳤을 것입니다.

오카다 사장은 바로 여주 분말을 제조한 원료 제조사에 손실 보전을 요청했습니다. 그러나 '구매 금액인 80만 엔 이상은 보상할 수 없다', '더구나 5,400만 엔의 손실을 전부 보전하는 것은 어렵다'라는 답변을 받았습니다. 보상하고 싶어도 현실적으로 어렵다는 의미겠지요. 그 이후에도 손해 배상과 관련된 이야기는 1엔도 없었습니다.


'이대로는 안 되겠어. 너무 오래 걸리겠군'이라고 생각한 저는 컨설턴트로서 바로 소송을 준비했습니다. 문제의 원인은 여주 분말입니다. 그 제조사의 책임이 아예 없다고 판단할 수는 없었습니다. 저는 문제에 상응하는 배상을 요청해야겠다고 생각했습니다.

하지만 오카다 사장은 "응, 그렇지" 하고는 저에게 이해를 요구하면서 이렇게 말했습니다.

"어쩔 수 없네. 분명 그쪽 회사도 잘못이 있지만, 우리

회사도 잘못이 있어."

상대를 탓하기보다 자신의 회사에 책임을 묻기 시작한 것입니다.

"무농약 여주 분말이든 무엇이든, 원료가 입고되면 바로 농약 검사를 시행한다. 그게 회사의 규칙인데 그 과정을 생략한 우리 공장에도 책임이 있는 거야."

그리고 "사장인 나의 관리 소홀이다"라며 5,400만 엔의 손실을 전부 받아들인 것입니다.

"5,400만 엔 전액을!"

저는 확실히 들었습니다, 그의 목소리가 떨리는 것을.

그 후 보험으로 2,000만 엔 정도 보전이 가능하여, 결과적으로 3,400만 엔의 손실은 특별손실로 처리했습니다.


저는 오카다 사장이 "사장인 나의 관리 소홀이다"라고 말한 다음, 바로 "이제 이 안건은 이것으로 끝내도록 하지. 다음으로 넘어가겠네"라며 머릿속의 화제를 순식간에 바꾼다는 사실을 알았습니다.

그 자리에 있던 다른 임원이나 경영자에게는 보이지 않았을지 모르지만, 저에게는 오카다 사장 뒤로 후광이 비추는 것처럼 느껴졌습니다.

## ▌실패에 집착하지 않고 다음 세계로 마음을 마주한다

이것이 압도적인 사고 전환 방법입니다.

불미스러운 사고, 화가 나는 사건 등이 있어도 순식간에 '어찌할 방법이 없다'라며 바꿀 수 있는 강한 힘. 조금 더 말하자면 '5,400만 엔의 손실로 회사가 무너진다면, 그것은 그것대로 어쩔 수 없다. 언제까지 손실로 끙끙 앓지 말고, 다음 단계로 나가자', '내가 전부 다 받아들인다면 끝나는 이야기'라며 사고와 감정을 단숨에 바꾸는 것입니다.

중요한 것은 이런 '사고를 전환하는 힘'입니다.

나의 판단, 나의 선택으로 자신이 보고 있는, 또 살아가고 있는 세계가 변화합니다. 그렇기에 우물쭈물하고 있으면 그 우물쭈물하는 세계를 계속 재생산할 뿐이라는 사실을 사장이나 경영자의 자리에 오래 있는 사람일수록 마음속에 새기고 있는 것입니다.

우리는 '발주 실수를 했다', '거래처로부터 클레임을 받았다' 등 눈앞의 작은 업무 실수를 계속해서 안고 가는 경우가 있습니다.

하지만 이미 발생한 일은 다시 원래대로 돌아가지 않습

니다. 마음가짐을 새로 다잡고 다음 업무에 전력을 다하는 수밖에 없는 것입니다.

"지나간 일로 마음을 괴롭히지 말라."

이는 나폴레옹 보나파르트가 했던 말입니다. 이 말에 함축된 의미가 느껴지나요?

> **이렇게 해보자!**
>
> ● 이미 발생해버린 일에 집착해도 어쩔 수 없다.
> ● 마음가짐을 완전히 바꾸어 새로운 세계로 나아간다.

# 명품을 판별하다
## 주변에 좋은 품질의 물건들을 갖추고
## 심미안을 기른다

제가 바라는 부자의 모습이 있습니다.

저는 후쿠오카현 북부의 노가타라는 도시에서 태어났습니다. 노가타는 원래 '지쿠호'라고 불린 지역으로 과거 탄광 마을이었습니다. 탄광이 문은 후로는 산업다운 산업도 없이, 집 주변에는 밭과 양미역취, 쓰케모노(채소를 절인 일본의 저장 음식) 냄새, 논두렁길과 가재, 우렁이 정도밖에 없었습니다.

완전히 시골 마을이었습니다. 세련되고 좋은 물건은 조금도 없었습니다. 고등학생 때는 도쿄와 뉴욕, 그리고 파리를 동경했습니다. 세련되고 좋은 품질, 그리고 매너를 아는 점잖은 사람을 지금도 동경합니다.

서론이 길었습니다. 이제 억만장자의 습관에 관하여 이야기하겠습니다.

훌륭한 억만장자의 몸에 배어 있는 세련됨과 고상함을 반드시 지녀야겠다는 생각이 드나요? 돈을 아무리 남아돌 정도로 가지고 있다고 해도, 성품이 좋지 않다면 그저 졸부에 지나지 않습니다. 훌륭한 억만장자로 향하는 과정은 세련됨과 고상함으로 가는 과정이라고 해도 과언이 아닙니다.

지방 곳곳에는 제가 '스승'이라고 부르는 분들이 있습니다.

예를 들어 도쿄에 계신 스승의 댁에 방문하면 현관을 들어서자마자 굉장히 고급스러운 꽃이 화려하게 피어 있습니다. 손님의 눈길이 가는 첫 번째 장소에서 이런 생화를 항상 신선하게 유지하려면 꽤 많은 수고와 비용이 필요합니다. 하지만 이는 윤택한 생활은 물론 방문객을 감탄하게 만드는 우아함을 멋지게 연출할 수 있습니다.

그리고 또 한 가지는 뛰어난 오디오 시스템입니다.

"타로 군, 또 구매했네"라는 말에 "무엇을 말입니까?"

라고 되묻자, 7는 "뱅앤올룹슨*의 베오랩 50**말이야"라고
대답했습니다.

베오랩 50은 세계 최고로 손꼽히는 스피커로, 500만 엔
이나 하는 최고가의 물건입니다. 게다가 당시 240만 엔이
나 하는 CD플레이어와 고해상도 음원 시스템이 함께 갖
추어져 있었습니다.

그 밖에도 앰프에 케이블 등을 포함하면 가볍게 1,000
만 엔 정도 되는 세트였습니다. 물론 이 세상의 것이라고
는 생각할 수 없는 훌륭한 소리를 들을 수 있습니다. 그 시
스템으로 음악을 들으니 정말 마음이 정화되는 기분이 들
었습니다.

그리고 조명이나 가구, 이불 시트와 베갯잇, 수건 등의
리넨 물건들! 물론 비누나 샴푸에도 자신만의 확고한 취향
이 있기에 이야기를 꺼내면 끝이 없습니다.

그중에서도 돋보이는 것은 차를 마실 때 사용하는 바카

---

* 뱅앤올룹슨(Bang and Olufsen)은 덴마크를 거점으로 하는 오디오 비주얼 브
랜드이다. 1925년 창업 이후, '언제나 마법 같은 경험으로 고객에게 감동을 전하
다'를 기업 이념으로 삼고 있다.

** 베오랩 50(BeoLab 50)은 뱅앤올룹슨 제품 중에서도 최상위의 하이엔드 스피
커이다.

라*의 유리컵입니다. 매일 사용하는 물건, 손에 닿는 물건을 좋은 품질로 갖추는 것의 중요성을 그때 배웠습니다.

분명 바카라의 컵은 고급품이지만, 세트로 1만 5,000엔 정도의 상품부터 준비되어 있습니다. 인터넷으로 먼저 검색해보거나, 아니면 바키라 매장을 방문해봅시다.


## ▎'명품을 판별하는 눈'을 가지자

하루하루 생활의 보람과 업무의 보탬이 되기 위하여 품질이 좋은 물건들을 하나씩 갖추어나가면 심미안을 키울 수 있습니다. 나아가 통찰력, 명품을 판별하는 눈을 기르는 것으로도 이어집니다.

'싼 것이 비지떡'이라는 속담이 있듯, 명품을 알지 못하고 좋은 품질의 물건들과 접해보지 못하면 자신의 앞에 놓인 물건의 가치를 정확하게 평가할 수 없습니다.

업무의 경우, 자신이 맡은 일의 가치를 스스로 제대로 평가할 수 있는 것이 중요합니다. 이 일이 '나에게 어떤 의

---

* 바카라(Baccarat)는 1764년에 창업한, 뛰어난 기술을 가진 크리스털 럭셔리 브랜드다.

미가 있는가'를 인시하고, 그에 싱용하는 싱과를 맛보지 못한다면 언제까지나 '지겨운 일', '끝없이 반복되는 일투성이'라는 괴로운 경험에서 벗어날 수 없습니다.

한꺼번에 고품질의 물건들을 갖추는 것은 현실적으로 어렵겠지요. 그래도 조금씩 늘려나간다면 분명 매일의 생활을 한 단계 높일 수 있을 것입니다.

> **이렇게 해보자!**
>
> - 고품질의 물건들, 세련된 물건들의 정보를 파악한다.
> - 일상생활 속에서 좋은 품질의 물건들을 접해보고, 조금씩 자신의 주변에 갖추어나간다.

# 품격을 풍기다

## : 최고급 가게에서 평가받는 '잘 아는 손님'을 목표로 삼는다

한 벌에 50만 엔인 로로피아나*의 양복을 입고 있지 않아도, 강철 같은 체력이 아니더라도, 인간의 품격은 내면으로부터 풍겨 나옵니다. 사우나를 자주 하는 저는 잘 알고 있습니다. 사우나에서는 누구나 발가벗고 있기 때문입니다. 사우나에서 여러 아저씨를 보고 있으면 '품격'이란 도대체 무엇인가 생각하게 됩니다.

품격을 다른 말로 하면 '잘 어울리다, 제격이다'라는 표

---

* 로로피아나(Loropiana)는 1924년 이탈리아에서 탄생한, 세계적으로 명성이 높은 고급 패션 브랜드이다.

현이 딱 맞을지도 모릅니다. 즉, 한두 번 시늉해본 경험으로는 도저히 몸에 갖출 수 없는 분위기를 말합니다. 몇백 번 반복하면서 경험치가 누적되고, 현장에서 배운 지식과 행동으로 말미암아 매우 자연스러운 품격이 확립되는 것입니다.

10여 년 전, 제가 처음 파리를 방문했을 때 전설의 레스토랑 '랑부아지*'에서 식사할 기회가 있었습니다. 그런데 저는 프랑스어로 적힌 메뉴를 좀처럼 읽을 수가 없었습니다. 어쩔 수 없이 옆 테이블의 요리를 가리키거나, 가격으로 판단하여 적당히 주문했습니다.

너무 긴장한 나머지 저에게 침착함이 없다는 것을 알았는지, 접객하던 남자 직원도 '하찮은 이방인'으로 취급하는 듯한 태도였습니다. 그때 소믈리에가 두꺼운 와인 메뉴를 가지고 나타났습니다. 전화번호부와 같은 메뉴판을 받아 든 저는 부르고뉴산 와인이 적힌 페이지를 펼치고서 깜짝 놀랐습니다.

'읽을 수 있어! 읽을 수 있다고!'

---

* 랑부아지(L'AMBROISIE)는 미슐랭 별 3개의 세계 최고급 프렌치 레스토랑으로, 파리에서 가장 예약하기 어려운 가게 중 하나이다.

당연한 이야기이지만, 와인 이름은 읽을 수 있었습니다. 당시, 부르고뉴산 와인을 비롯해 1년에 600병 정도의 와인을 마시던 저는 자신감을 되찾았습니다. 그래서 소믈리에를 옆에 세우고 "이 와인은 어떻습니까? 다른 와인은요?"라고 말하기 시작하면서 30병 이상의 끌로 드 부조의 컬렉션 중 그날 밤에 마실 와인 한 병을 골랐습니다. 그러자 소믈리에도 '오, 이 일본인, 뭔가 좀 아는데?'라고 눈치챈 듯, 그 후의 서비스가 매우 좋아졌습니다.

좋은 와인일수록, 좋은 요리일수록 아는 사람에게 추천하고 맛보게 해주고 싶다. 이런 마음은 프랑스의 음식점도, 교토의 음식점도 똑같습니다. 맛도 알지 못하는 손님에게 일부러 좋은 재료를 사용하는 일은 없습니다.

## ▐ 최고급 가게가
### '또 방문했으면 좋겠다' 생각하게 만드는 고객

그렇기에 처음 방문한 가게의 문을 들어서고 나서 몇 분은 어떤 의미로는 전쟁과 같습니다. '자, 이 고객은 어떤 유형일까?'라며 자신을 관찰하는 주인에게 '대접할 가치가 있는 고개'으로 인정받기 위한 행동이 필요합니다. 예약 시간에 늦거나, 태도가 거칠거나, 매너를 지키지 않는 손님은 애초에 말할 가치도 없습니다.

맛에 일가견이 있는 사람인가? 서비스의 보람은 있는가? 돈은 가지고 있는가? 가게에 종합적으로 관찰되고 있는 것입니다.

먼저 산뜻하게 인사를 합니다. 주인뿐만 아니라 직원에게도 말을 걸어봅시다. 잘난 척하는 듯한 태도는 오히려 역효과를 부를 수 있습니다. 자리를 안내받기까지의 태도로 대부분 간파당한다고 생각하면 됩니다(아무리 애를 써도 들키게 마련이니 반복하여 방문하면서 그 특유의 환경에 익숙해집시다).

다음으로 와인 목록에서 가치가 있는 '오늘의 와인' 한 병을 선택합니다.

무조건 가장 비싼 고급 와인을 선택하는 것이 정답은 아닙니다. 가게의 와인 목록이 훌륭하다면 구체적으로 칭찬하는 것도 좋은 방법입니다. 또한 메뉴판에는 없더라도 와인 목록을 바탕으로 추측하여 "혹시 이 와인은 없습니까?"

라며 문의하는 것도 좋습니다.

가장 좋지 않은 행동은 와인에 대한 지식을 자랑하는 태도입니다. 최소한의 대화로 '나는 평상시에도 와인을 자주 마십니다'라는 뉘앙스를 전달하는 것이 가장 좋습니다.

와인이 제공되고 나면 와인을 칭찬한 후, "역시 로브마이어*는 훌륭하군요" 혹은 "이 잔은 기무라 글라스**의 피보 시리즈군요?"라며 와인잔을 칭찬하는 방법도 효과적입니다. 마찬가지로 제공된 접시나 식기 등을 자연스럽게 브랜드 이름을 곁들여 칭찬한다면 '이 고객, 상당히 보는 눈이 있군' 하는 평가를 받을 수 있습니다.

그러면 적절한 시점에 셰프가 반드시 테이블로 인사를 하러 옵니다.

그 밖에도 계산을 완료했을 때, "오카자키 님, 혹시 괜찮으시면 주방을 보시지 않겠습니까?" 혹은 "이쪽에 개별 룸이 있는데, 한번 보시겠어요?" 등의 말을 듣는 경우가 있

---

\* 로브마이어(Lobmeyr)는 1823년에 오스트리아에서 창업한, 왕실과 귀족에 납품하는 유리 공예 제조사이다.

\*\* 기무라 글라스(Kimura glass)는 공장이 없는 제조사로, 전문가가 사용하는 식기류 분야에서 최상이 부류인 전통 있는 기업이다. 1910년에 창업했다.

을 것입니다.

이것은 '좋은 고객이니 다시 방문해주었으면 좋겠다'라는 가게의 의사 표현이라고 봐도 좋습니다.


소개든 뭐든, 우선 기회를 만들어 고급 레스토랑이나 전통 깊은 초밥집에 방문해보길 바랍니다.

그리고 품격이 배어 나올 수 있도록 정진을 거듭합시다.

인생에서 맛있는 식사를 할 수 있는 시간은 의외로 짧기 때문입니다.


---

**이렇게 해보자!**

- 셀프 브랜딩 이전에 스타일, 그리고 품격이 존재한다.
- 와인, 요리, 식기······. 최고급 가게의 평가를 받는 '잘 아는 사람'을 목표로 공부를 계속하자.

---

a billionaire

great habit

# a

# great
# habit

# Chapter 3
## 인간관계 습관

# 만나는 순간, "고맙습니다!"

## 먼저 건네는 감사 인사로
## 근사한 미래를 확신할 수 있다

'감사 인사'의 수준은 매우 다양합니다.

편의점에서 아르바이트 점원이 눈도 마주치지도 않고 하는 형식적 인사부터, 상대방에게 온전히 마음을 전하는 진심 어린 인사까지, 감사에는 매우 큰 수준의 차이가 있습니다.

그중 정말 성공한 억만장자들의 감사 인사는 훨씬 더 차원이 다릅니다. 바로 '먼저 건네는 감사 인사'입니다.

예를 들어 선물을 받았을 때 하는 '고맙습니다'처럼 세상의 수많은 감사는 '고마움을 받는 사항'에 대해 수동적으로 발생하는 '늦은 감사 인사'가 일반적입니다.

훌륭한 억만장자는 만나자마자 갑자기 "고맙습니다"라며 미리 감사 인사를 전합니다. 이것을 '먼저 건네는 감사 인사'라고 합니다. 처음 만난 순간, 갑자기 "고맙습니다"라는 말을 듣는 것입니다. 듣는 입장에서는 '응? 나는 아무것도 하지 않았는데……' 하는 반응이 나오게 마련입니다.

일반적으로 '만나주셔서 고맙습니다', '이 인연에 감사합니다', '시간을 내주셔서 감사합니다'라고도 해석할 수 있지만 사실 여기에는 더욱 깊은 의미가 있습니다.


## ▎자신의 미래를 끝까지 믿는 힘

이는 '가까운 미래에 제가 진심 담긴 감사 인사를 전할 정도로 당신은 훌륭한 일을 해줄 것입니다'라며 확신하고 있는 것입니다. 그 미래의 감각에 따른 감사를 담은 '고맙습니다'입니다. '미리 말할게! 고마워!'라는 느낌이지요.

'먼저 건네는 감사 인사'는 마치 예언과 같다고 할 수 있습니다. 자신의 미래가 훌륭할 것이라는 사실을 내다보고, 그를 끝까지 믿기 때문에 당연하게 생각하는 것입니다. 이러한 '당연함'을 이해할 수 있다면 에너지는 점점 선순환하며, 운기는 더욱 좋은 방향으로 나아갈 것입니다.

만난 순간, 아직 아무것도 하지 않았는데 '고맙습니다'
라는 말을 건네는 것이므로 듣는 사람은 매우 깜짝 놀랄
것입니다. 하지만 나쁜 의미는 없습니다. 그리고 호혜성의
법칙 측면에서도, 피그말리온 효과의 측면에서도 매우 효
과가 큽니다. 이렇게 감사의 선순환이 탄생하는 것입니다.
'고맙습니다'에서 시작하는 선순환의 메커니즘을 꼭 기
억하길 바랍니다.

---

**이렇게 해보자!**

- 만나자마자 바로 '고맙습니다'를 말한다.
- 미래에 좋은 일이 있다고 끝까지 믿고 '감사'를 말한다.

# 10년 이상의 인연을 소중히 한다
## 진심으로 상대방을 돕고, 변함없는 신뢰를 쌓는다

훌륭한 억만장자일수록 오랜 인연을 소중하게 생각합니다. 확실히 새로운 만남은 매력적입니다. 하지만 오랜 인연은 그에 비교할 수 없을 정도로 중요합니다. 이 우선순위를 착각해서는 안 됩니다.

한 억만장자에게 "사기꾼에게는 십년지기 친구 따위는 존재하지 않는다"라는 말을 들은 적이 있습니다. 사기 행각이 들키면 그동안의 인간관계가 단숨에 정리되기 때문입니다.

그렇습니다. 그 누구도 좋아서 사기꾼과 친구가 되는 것은 아니지요. 반대로 어떤 사람이 신용할 수 있는 사람인지 아닌지를 파악하려면 그의 십년지기 친구를 소개받으라는 충고를 들었습니다.

단순히 오래된 옛 지인이 아니라, 한 달에 한 번 정도는 교류하면서 10년이 넘는 관계의 사람이라면 그 신뢰는 매우 강고해집니다.

그들 사이에 무언가가 있다고 해도, 10년이라는 세월을 보내고 현재에도 관계를 맺고 있는 사람이라는 사실은 변치 않는 신용의 증표라고 할 수 있습니다.

지나간 시간을 생각한다면, 그 존귀함은 여러분도 상상할 수 있을 것입니다. 상대방을 간단히 배신할 것 같은 사람과는 실현할 수 없는 관계입니다. '오랜 인연일수록 소중히 여긴다'는 가치관을 가진다면, 저절로 행동이 변화할 것입니다.

### ▎상대방을 생각만 하는 것이 아니라 각오하고 돕는다

그렇다면 '소중히 여기다'라는 행동의 의미를 고민해야 할 필요가 있습니다.

마음만으로 상대방을 생각하는 것이 아니라, 적극적으

로 보살피는 것이 중요합니다.

생일 축하는 물론, 다양한 기회를 통해 상대방이 필요할 때 힘이 되어줍니다. 그리고 그에게 어떤 문제가 발생한다면 성심을 다해 도와준다는 각오를 다지는 것입니다.

최악의 경우를 먼저 생각하고 자기 자신을 처신하는 방법을 모색해둔다면, 만약의 경우에도 망설임 없이 행동할 수 있습니다. 단순히 적을 만들지 않고, 다투지 않는다는 마음가짐만으로는 부족합니다.

조금 과장해서 말하면, 자신보다 상대의 편의를 우선으로 생각하는 것입니다. 이러한 마음가짐이 인연을 소중히 하기 위해 필요한 사고방식이라고 생각합니다.


"나는 너와 오랫동안 알고 지냈어. 네가 곤란한 일이 생긴다면 나는 전력으로 도울 거야."

이렇게 말로 명확하게 전달합니다. 이것만으로도 각오가 단단해지고, 도움도 빨리 줄 수 있습니다. '상대가 얼마나 곤란한 상황에 처했는가' 등을 생각하느라 우물쭈물 고민하지 말아야 합니다.

솔직한 감정으로 상대방을 마주한다면, 많은 사람이 당신을 신뢰할 것입니다. 아니, 신뢰하지 않을 수 없습니다.

"나는 내가 제일 중요하기 때문에 주변 사람들 누구도 절대 돕지 않을 자신이 있습니다. 왜냐하면 그 사람이 곤란한 건 자업자득이잖아요. 그의 문제니까 도움을 주지 않을 생각입니다. 이것이 제가 정한 규칙입니다."

여러분은 이렇게 말하는 사람과 관계를 맺고 싶나요? 물론 친해지고 싶지 않겠지요.

먼저, 여러분의 각오를 말로써 확실하게 드러내길 바랍니다. 자기 의사를 말로 옮기면 마음속으로만 생각할 때보다 에너지의 수준이 완전히 달라질 것입니다.

---

**이렇게 해보자!**

- 신뢰와 신용은 돈이 아니라 '각오'로만 얻을 수 있다.
- 솔직한 감정으로 상대방을 마주하고, 그에게 무슨 일이 생긴다면 온 힘을 다해 돕는다.

# 선물이 너무 좋아

### : 평생 보내는 선물로
### 마음과 마음이 이어져 있음을 표현한다

생일 때 그리고 크리스마스 때 여러분 역시 배우자, 연인, 친구에게 선물을 보낼 것입니다

분명 여성이 남성보다 선물을 더 잘하는 것 같습니다.

제 주변의 남성들은, 작년에는 선물을 보냈지만 올해는 보내지 않거나 애써 선물을 보냈지만 그것이 적절하지 않은 물건이거나 등의 우를 범합니다. 확실히 그들은 선물의 타이밍이나 품질이 안정적이지 않다고 느끼도록 만들곤 합니다.

그렇다면 훌륭한 억만장자의 선물은 어떠할까요?

최근 한 억만장자가 제가 갖고 싶었던, 입수하기 어려운 내추럴 와인을 아무렇지 않게 보내주었을 때, '내가 이 와인을 갖고 싶어 한다는 걸 어떻게 알았지?' 하며 그의 관찰력과 센스에 깜짝 놀랐던 기억이 있습니다. 선물의 내용은 물론, 포장과 편지까지 모든 것이 완벽했습니다(프랑스 쥐라 지역에서 생산되는 '도멘 데 미루아르* 미즈이로Mizuiro'라는 매우 귀한 와인입니다).

그리고 그들은 보내야 하는 선물을 잊어버리는 일은 절대로! 절대로! 없습니다. 즉, 작년에는 보냈지만 올해는 '안 보낼 거야!'라는 일은 있을 수 없습니다. '보내기로 결정하면 보내는' 것입니다.

이처럼 훌륭한 억만장자의 '선물에 대한 의식'은 매우 높다고 할 수 있습니다.

그러면 제가 경험했던, 잊을 수 없는 출석 답례품에 관한 에피소드 하나를 소개하겠습니다.

지금으로부터 10여 년 전, 저는 주식회사 온리의 사외이

---

* 도멘 데 미루아르(Domaine des Miroirs)는 프랑스 알자스의 제라르 슐러의 지방에서 6년 이상 근무한 가가미 겐이치로 씨가 시작한 와이너리이다.

사여서 본사가 있는 교토에 자주 방문했습니다.

그때는 주식 상장 전이었기에, 다음 시즌의 상품 전략이나 광고 미팅과 더불어 내부 통제와 전사적 시스템의 요건 등 상장과 관련된 엄격한 안건과 주제들이 줄지어 있었고, 예정된 시간을 꽉꽉 채운 밀도 높은 이사회가 끝났을 때였습니다.

참고로 그날은 제가 교토 본사의 이사회에 처음 출석한 날이기도 합니다.

돌아갈 채비를 하고 있는데, 온리의 나카니시 회장이 이사회 출석 답례품을 건넸습니다. "오카자키 씨, 가족과 함께 드시게나" 하며 아무렇지 않게 주기에 "감사합니다" 하고 받으면서도 '교토에는 아직도 이런 문화가 남아 있구나' 하는 생각이 들었습니다.

그런데 그런 답례품을 처음 한 번만이 아니라 매번 주는 것이었습니다. 월에 3회 정도 참석했으니, 1년에 36회, 3년 동안 약 100회 방문했습니다. 게다가 항상 똑같은 답례품이 아니라 매번 상대의 취향을 반영하기 위해 고심한 선물들이었습니다.

예를 들어 '이 과자를 먹다니, 벌써 여름이 왔구나'라고 느낄 수 있는 '계절 상품'의 시리즈를 준비하는 것입니다.

그중에서도 소중하게 여겨졌던 것은 그 계절에 나온 물건들입니다. 판매되는 첫날 입수한 계절 상품을 "올해 난 상품입니다. 받으십시오"라며 건네주었습니다. 교토의 기업답게 매우 멋스럽지요.

구체적인 답례품 몇 가지를 소개하자면, 사사야쇼엔의 '와라비모찌', 폰토초 쓰루카야나 센타로의 물양갱을 대나무에 넣은 '대나무 양갱'도 있고, 그 밖에도 9월 한정품인 시모가모사료의 '치리멘산쇼' 등 회장실 직속 직원이 아침 일찍 가게 앞에 제일 먼저 줄을 서서 구입한 선물이라고 합니다.

가격 또한 한 상자에 1,000엔부터 비싸도 1,500엔 정도로 받는 입장에서도 부담스럽지 않은 적절한 금액입니다.

게다가 어떤 답례품을 언제 주어야 하는지에 대한 내용이 연간 달력에 스케줄처럼 표시되어 있습니다. 방문객의 수에 맞추어 준비하는 것이 일과가 되어 있을 뿐 아니라, 손님이 갑작스럽게 방문할 때를 대비하여 회장실에는 예비로 항상 5개 정도 준비되어 있습니다.

실수 없이 고품질의 답례품을 건네려면 이러한 구조를 뒷받침해주는 준비와 여유가 빠질 수 없습니다.

그저 단순한 선물이라고 생각해서는 안 됩니다. 애써 준비한 선물을 기회를 놓치지 않고 적절한 시기에 건네기 위하여 얼마만큼의 노력과 수고를 투자하는지가 승부처입니다.

교토에서 받은 답례품에서 교훈을 얻어, 저도 회사에서 오추겐*이나 오세보**는 물론, 도움을 받은 사람의 생일이나 기념일을 관리하기 시작했습니다. 그리고 반대로 상대방에게서 받은 선물도 기록해두고 있습니다.

### ▌무엇을, 언제 보낼지에 대한 신념을!

단도직입적으로 말해, 요즘 오추겐에 평범한 맥주를 섞어 보내는 사람이 있는데, 그건 너무 성의 없는 선물입니다. 이는 상대방에게 '일단 맥주를 보내고 그다음에 생각하자'라는 느낌임을 충분히 상상하게끔 만들기 때문입니다.

조금 더 정중하게 '어떤 선물을 보낼지' 생각할 수는 없을까요? '나는 너를 기쁘게 하고 싶어', '특별한 너에게 무

---

*평소에 신세를 진 사람들에게 여름에 보내는 감사 인사와 선물.

**감사한 사람에게 보내는 연말 인사와 선물.

엇을 선물하면 좋을까' 하며 열심히 고민한 흔적을 상대방에게 남기고 싶은 것입니다.

방법은 일단 상대방을 조사하는 것입니다.

술을 마시지 못하는 사람에게 술을 보내면 안 되겠지요. 요즘에는 상대방의 인스타그램이나 페이스북의 게시물에서 정보를 얻을 수 있습니다. 상대방의 취향에 대한 정보를 수집할 수 있다면 선물의 선택지는 확 넓어집니다. 무엇을 보내면 좋을지 알지 못하는 것은 상대방을 알지 못하는 것과 같습니다.

'일단은 맥주부터'는 술집에서 주문할 때만 사용하고, 상대의 취향을 조사해봅시다.

또 한 가지, 안타까운 점이 있습니다. 바로 상대방에게 오추겐이 도착하는 시기에 둔감하다는 점입니다.

오추겐이 성행하는 시기가 되면 하루에 8개, 9개가 연이어 도착합니다. 이런 성수기에 도착하는 선물 중 하나라고 하면, 오추겐의 첫날, 이왕이면 그해에 도착하는 첫 번째 선물이 되면 그 임팩트는 매우 다르겠지요.

여러분이 보낸 오추겐의 포장을 열 때, 상대는 '매우 빨리 보냈네. 벌써 그런 계절이 되었다니'라고 느낄 것입니다. 그리고 '조금 이르지만, 여름 인사를 드립니다. 건강하시지요? 저는 잘 지내고 있습니다'라는 메시지를 동봉한다면, 상대방은 '항상 세심하게 신경을 써주다니, 너무 감사하다'라고 생각할 것입니다.

그래서 어차피 선물을 보내는 것이라면 첫째 날 도착하도록 하고 싶은 것입니다. 다만 첫날 보낸다고 하더라도 그 시기는 지방에 따라 차이가 있습니다. 오추겐의 경우, 최근에는 일반적으로 6월 20일부터 7월 15일 즈음에 보냅니다. 하지만 실제로 국토가 남북으로 긴 일본에서 도호쿠와 간토 지방은 7월 초순부터 7월 15일, 홋카이도 지방은 7월 15일부터 8월 15일, 규슈 지방은 8월 1일부터 8월 15일 즈음으로 약 한 달 정도의 차이가 있습니다.

이러한 사정을 파악하여 다른 사람보다 먼저 선물을 도착하게 하려면 언제가 최적일지 고민해야 합니다.

예를 들어 간토 지방의 엑스데이 6월 20일이라고 한다면, 일주일 전인 13일이나 15일쯤을 도착 예정일로 결정하는 것이 매력적입니다. 그날이라면 확실히 첫 번째를 노릴 수 있겠지요. 다만 '첫 번째로 도착하는 선물'만을 목표로 이상한 경쟁심을 갖는 것은 주객이 전도된 일이라고 할 수 있습니다.

선물은 상대방을 가장 먼저 생각하고, 상대방이 선물을 개봉하는 상황까지 종합적으로 상상력을 가동하는 것이 중요합니다. 이때 '상대방이 첫 번째로 받는 오추겐이 자신이 보낸 선물이라면' 하는 생각으로 신중하게 고르길 바랍니다.

기껏해야 선물이라고 생각하지 않기를 바랍니다. 보내는 방법 하나, 보내는 타이밍 하나에 자기 '신념'을 담아야 합니다.

### ▎철저하게 '보답'하는 마음을 실천하다

그리고 잊지 말아야 하는 것이 바로 '보답'입니다.

훌륭한 억만장자는 철저하게 '보답'을 합니다. 100% 답례를 합니다.

무언가를 받으면 반드시 갚는다! 이런 '보답'이라는 행위는 간단해 보이지만 일반적인 사람은 하기 어려운 일입니다. 생일 선물이든, 오추겐이든 30%의 사람들은 그저 받기만 합니다.

하지만 억만장자에게 '받기만 한다'는 사고방식은 없습니다.

억만장자는 거래처로부터 받은 오추겐이든, 후배가 주는 선물이든 그들이 '신세를 지고 있으니 받는 것이 당연'한 것이 아니라, 받은 선물에 '고마움'을 표시하며 제대로 물건으로 보답을 합니다. '훌륭한 선물, 잘 받았습니다'라고 직접 쓴 편지를 보내기도 합니다. 이런 답례는 좀처럼 하기 어렵습니다. 저 또한 아직 완벽하지 않습니다.

이렇게 철저한 '보답'의 태도와 행동은 훌륭한 억만장자의 특징입니다.

그렇다면 그들이 보답을 중요하게 생각하는 이유는 무엇일까요? 바로 '호혜성의 법칙'을 깊게 이해하기 때문입니다.

호혜성의 법칙이란 다른 사람이 베푼 무언가를 받았을 때, '보답하지 않으면 미안한 마음'이 생기는 심리 작용을 의미합니다.

상대가 보답할 마음이 없는 사람이어서 무언가를 일방적으로 주게 되는 사람은 누구나 슬픈 기분이 될 것입니

143

다. 이렇게 호혜성이 있는 사람인지, 그렇지 않은 사람인지를 명확하게 나타낼 수 있는 것이 바로 '보답'입니다. 언제까지나 다른 사람에게 받기만 하는, 빼앗기만 하는 사람은 결국 가족, 친구, 동료, 그 누구도 상대해주지 않게 될 것입니다.

이처럼 '보답'하지 않는 사람, 즉 '보답하는 마음'을 이해하지 못하는 사람에게는 장기적인 성공을 기대하기는 어렵습니다. 다른 사람으로부터 받기만 하는 사람은 인망이 두터워질 수 없기 때문입니다.

여담이지만, 이 세상에는 '답례품 책'이라는 서적이 있습니다.

책에 나열된 품목들을 보고 있자면, '일본의 상품들은 아이디어가 대단하구나. 엄청 다양하군' 하며 또 한 번 감탄합니다. 책에서 마음에 드는 상품을 발견하면, 구매하여 먼저 몸소 체험하길 바랍니다.

예컨대 식품이라면 '정말 맛있다'는 것을 확인한 뒤 상대방에게 선물하길 바랍니다. 시식해보지 않고 카탈로그만 보고 선택하여 선물 보내는 것은 실패할 가능성이 무척 큽니다. 자신이 맛보지 않은 상품을 보내는 바보 같은 행위는 하지 않길 바랍니다. 직접 주문하여 먹어봐야 합니다.

그리고 '맛있으니 드셔보세요! 당신이 맛을 보고 기뻐했으면 좋겠습니다!'라는 열린 생각을 보태는 것이 훌륭한 선물 보내기 방법이겠습니다.


## ▌상대방이 이 세상을 떠날 때까지 계속 선물하는 것이 억만장자의 격식

그렇다면 여러분께 질문을 하나 해보겠습니다.

지금까지 보냈던 선물 중 가장 좋은 것은 무엇입니까?

"떠오르지 않는다"라고 말하는 사람도 있을 테지요. 애초에 선물을 보내지 않는 사람은 떠올릴 기억조차 없을 것입니다. 그런 사람은 자신이 과거에 받은 가장 인상적인 선물을 떠올려봅시다.

선물의 목적은 상대방을 생각하고, 상대방을 기쁘게 하는 것입니다. 단순히 가치가 있는 물건, 높은 가격의 물건이 좋은 선물은 아닙니다.

최근에는 깜짝 선물이 유행하여, 상대방을 놀라게 하는 것을 지나치게 의식하는 것처럼 느껴집니다. 여러분이 보낸 선물에는 자신의 센스와 상대방을 생각하는 마음이 담겨 있다는 사실을 잊지 않기를 바랍니다. 거듭 말하지만, 선물은 상대방을 생각하고 기쁘게 하는 데 목적이 있습니다.

생일이라면, 생일 당일에 축하하고 선물을 보내봅시다. 2주나 지난 선물은 기쁨도 반감시킵니다. 물론 보내지 않는 것보다는 낫습니다. 다만 찜찜함과 안타까움이 남을 테지만요.

그리고 보내기로 마음먹었다면 매년 보내길 바랍니다. 올해는 보내고, 내년에는 보내지 않는, 이렇게 왔다 갔다 하는 방법은 선물을 보내는 전형적인 잘못된 방법입니다. 올해는 보냈지만, 2년 정도 쉬다가 네 번째 해에 오세보만 보내는, 마치 기분파와 같은 방법도 좋지 않습니다. 보내기로 마음을 먹었다면 매년, 착실하게 보냅시다.

'지금 선물을 보내면 앞으로 업무적으로 유리해질까'라는 타산적인 선물은 훌륭한 억만장자로 나아가는 길에서 점점 멀어진다는 사실을 자각하길 바랍니다.

훌륭한 억만장자가 '선물을 보내는 수준'은 차원이 다릅니다. '보내자!'라고 일단 결정하면 상대방이 죽을 때까지 보내는 것이 억만장자의 사고방식입니다.

현재 나이가 40세라고 가정하면, 70세까지 30년 동안 오추겐과 오세보를 모두 합쳐도 60회입니다. 1회에 5,000엔, 그것이 60회라면 30년에 30만 엔입니다.

'상대방에게 아무리 감사를 표현해도 부족하다. 그렇기에 매년 선물을 보낸다.'

상대방에 대하여 '평생 고개를 들 수 없을 정도로 신세를 지고 있습니다'와 같이 마음에서 우러나오는 '감사'가 담긴 선물이 아니라면 의미가 없습니다. '감사의 전당 입성'이라고 생각하는 것이 좋겠지요.

그렇기에 보내기로 했다면 끝까지 보내길 바랍니다. 20년이라도, 30년이라도 상대방이 이 세상을 떠날 때까지 계속 보내는 것입니다.

이것은 각오입니다. 각오가 서지 않으면 우물쭈물 망설이게 됩니다. 그러면 선물의 내용도 어중간해질 것입니다.

제가 선물을 보내는 사람 중에는 벌써 10년 정도 만나지 못한 이들도 있습니다. 그는 항상 '보답' 선물을 보내오는데, 자필로 쓴 편지에는 '타로 군, 항상 고맙네. 최근에는 소중히 기르는 고양이의 그림을 그리고 있어' 하는 식의 근황이 담겨 있어서 그의 얼굴을 바로 떠올릴 수 있습니다. 비록 만나지는 못하더라도 마음으로 끈끈하게 이어져 있다는 사실을 실감합니다. 무슨 일이 있으면 언제라도 상담할 수 있는 그런 관계입니다.

다만 한 가지 두려운 것은 보내는 방법 하나로 상대방에게 '어차피 이 정도였구나'라고 평가를 받게 된다는 점입니다. 명백히 '선물을 보내는 수준'의 차이를 들키는 것입니다.

훌륭한 억만장자처럼 생일이나 기념일 선물을 잊지 않고 보낼 수 있도록 스케줄로 써두고 리스트화하고 구조화하는 습관을 들입시다.

> **이렇게 해보자!**
> - 선물 보내는 것을 잊지 않도록 선물 발송 리스트(누구에게, 무엇을, 언제)를 만든다.
> - 상대방이 죽을 때까지 계속 보내는 것이 방법이다.

# 웃는 얼굴이 너무 친근해

## 좋은 예감은 표정과 분위기를 통해
## 상대방에게 전해진다

"어떤 일을 하시나요?"

이는 첫 만남에서 자주 하는 질문입니다.

1분 동안 간략하게 자신의 매력을 설명하고 싶지만, 사실 자기소개의 내용보다 더 이전에 엄청난 포인트가 있습니다.

그것은 제일 처음의 인상, 즉 첫인상입니다.

구체적으로 말하자면, 눈을 크게 뜨고, 입꼬리를 생긋 올리며, 친근함 가득하게 웃는 얼굴입니다. 미소의 10만 배! 평상시 웃는 얼굴과는 차원이 다릅니다.

상대방을 단숨에 자신의 편으로 끌어당길 수 있는 환한

미소, 차원이 다른 웃음이 있다면 그것만으로 '이 사람은 즐거울 것 같아!', '이 사람은 인간성이 꽤 괜찮구나!'라며 상대방의 관심을 끌기에 충분합니다.

예전에 자신을 '일본에서 제일 은어를 잘 굽는 사람'이라고 소개한 사람이 있습니다. 니카다현의 나카오카에서 전국의 이벤트 회장에 연 200군데 이상 출점하고, 나카오카산 은어를 전국에 소개하고 있는 '이로리 찻집 히도코'의 쓰나 카즈히코 씨입니다. 쓰나 씨는 정성 들여 꼬치에 끼운 은어를 큰 이로리*에 세웁니다.

그때 은어의 머리는 바닥으로, 꼬리를 위로 향하게 합니다. 그러면 비장탄으로 시간을 들여 구워지는 동안 기름이 아래로 흘러, 닭튀김과 같이 바삭바삭해져서 은어의 머리나 뼈도 모두 먹을 수 있다고 합니다.

그런 쓰나 씨의 웃는 얼굴은 제가 최근 10년 동안 만났던 사람들 가운데 가장 뛰어난 미소였습니다. 그의 웃는 얼굴에 매료되어 저는 단숨에 그의 팬이 되어버리고 말았습니다.

도대체 어떤 인생을 지내왔길래 미소가 그렇게 자연스

---

* 마루 한가운데를 사각형으로 잘라, 취사와 난방 등 불을 피울 수 있게 만든 일본의 전통 가옥 구조

러운지 궁금하여, 그를 만난 첫날에 네 시간도 넘게 그의 반생을 상세하게 인터뷰했을 정도입니다.

'무엇을 말하는가'보다 인간성이라고 생각합니다. 나다움을 추구하기 전에 '지금 눈앞의 일'을 제대로 살고 있는지가 중요합니다. 매일 힘없이 살아가는, 시시하고 별 볼일 없는 인간과 보낼 헛된 시간은 존재하지 않습니다.

지어낸 웃음이 아니라, 살아온 인생에서 자연스럽게 떠오르는 웃음, 건강하고 쾌활한 웃음에는 어떠한 이유도 담겨 있지 않습니다.

반드시 자신의 웃는 얼굴을 점검해보길 바랍니다.


그러고 보니 제가 34세일 때, 주식회사 디엔에이가 주식에 상장하기 전, 현재 대표이사 회장인 난바 도모코 씨와 사무실에서 이야기를 나눈 적이 있습니다.

저는 난바 씨에게 "타로 군에게서 돈의 냄새가 강하게 난단 말이지. 당신 괜찮네. 당신과 함께 일하면 매출도 오를 것 같아. 앞으로도 잘 부탁해" 하는 말을 들은 적이 있습니다.

그때까지만 해도 저는 상대방에게 매출이 '상승할 것 같다'는 예감을 주기 위하여 어떻게 행동해야 하는지에 대한 발상이 없었습니다. 하지만 난바 씨의 말을 들은 후, '비즈니스가 잘될 것 같다'는 예감을 상대방에게 심어주는 것이 중요하다는 사실을 깨달았습니다.

말이나 자료로 설명하기 전, 서로 관계의 토대를 다진다고 말하는 표현이 좋을까요. 차원이 다른 미소와 '잘될 것 같은 예감'이 함께 공존한다면, 마치 범에 날개가 달린 격입니다.


## ▌이론보다 분위기가 말해줄 때

그렇다면, 그런 예감을 뒷받침하기 위하여 자신은 '어떤 분야의 전문가인지'를 명확히 하는 것이 필수입니다. '닭이 먼저냐, 달걀이 먼저냐'와 같은 이야기이지만, 일상의 업무 속에서 자신의 전문성을 깊이 연구하고 있다면, 그에 의해 양성되는 '전문가의 분위기'가 좋은 예감의 원천이 됩니다.

참고로, 저의 본업은 온라인 판매 컨설턴트입니다. 컨설턴트라고 하면 계약 없이는 정보를 주지 않는다고 생각하지만, 저는 그다지 신경 쓰지 않습니다. 무엇이든 알려준다는 마음가짐으로 일을 받아들이고 있습니다.

어느 수준 이상의 정보에 대해 별도의 비용을 지불해야 하는 것도 아닙니다. 그 시점에 제가 알고 있는 이야기는 시간이 허락하는 한, 숨김없이 모두 전합니다(이는 Habit 02에서 언급한 사건의 영향입니다). 반대로 모르는 내용은 '모른다', 알지 못하는 내용은 '알지 못한다'라고 솔직하게 대답합니다. 이렇게 아낌없는 저의 충고로 상대방이 '잘될 것 같은 예감'을 받았으면 좋겠다고 생각합니다.

물론 저 스스로는 '정말 대단한 조언이었어'라고 생각해도, 상대방은 그 수준에 도달하지 못하고 '이 사람 무슨 소리를 하는 거야' 하며 실패하는 때도 있습니다. 상대방에게도 물론 각각의 요망과 조건이 있으므로 아무리 많은 정보를 모두 전한다고 해도 그것이 합치하지 않으면 유감스럽게도 계약으로 이어지지 않는 경우도 있습니다.

최고의 셀프 브랜딩은 아무 말을 하지 않아도 그의 앞에 서면 후광이 비치는, 품격이 드러나는 사람이겠지요.

'이 사람, 평범한 사람은 아니구나', '분명 이 사람과 함께 있으면 잘될 거야'라는 감각을 에너지로 전달할 수 있는 사람이 되는 것이 저의 최종 목표입니다.

오데마르 피게\*의 손목시계도, 가르디에의 목걸이도, 톰 포드\*\*의 안경도 걸치지 않은, 아무것도 꾸미지 않아도 '이 사람, 평범하지 않네!' 하는 수준을 목표하고 싶습니다.

물론 자신은 누구이고, 어떤 분야의 전문가인가 등 셀프 브랜딩을 명확하게 하는 것은 중요합니다. 하지만 발산되는 아우라로 한눈에 상대방의 고개를 끄덕이게 만드는 사람도 있다는 사실을 알아두길 바랍니다.

나이가 들어갈수록 이론보다 '분위기'입니다. 스스로 원하는 자신의 이미지를 다시 한 번 명확하게 생각해봅시다. 셀프 이미지를 실현하기 위해서 무엇이 필요한지 곰곰이 고민하는 것입니다.

---

\* 오데마르 피게(Audemars Piguet)는 1875년 스위스에서 창업한 시계, 보석 장신구 기업이다. 파텍 필립, 바쉐론 콘스탄틴과 함께 세계 3대 고급 시계 브랜드로 손꼽힌다.

\*\* 톰 포드(Tom Ford)는 구찌, 입생로랑의 디자이너와 디렉터를 역임한 후, 자신의 패션 브랜드를 만든 인물이다.

- 상대방이 '이 사람은 즐거울 것 같아!'라고 생각하게 만드는 웃음을 익힌다.
- 스스로 '되고 싶은 나'의 모습을 치열하게 고민하고, 그에 어울리는 분위기를 걸친다.

# 증거는 바로 보여준다
## 확실한 증거를 준비하여 의심할 틈을 주지 않는다

10여 년 전, 문득 깨달은 사실이 있습니다.

일본 가전제품 제조사인 '아마다나'의 디자이너이자 선배였던 테이 슈와 씨가 설계한, 발리섬에 있는 2,700평짜리 별장을 견학했을 때의 일입니다. 공항에서 탄 밴에서 우연히 야마노 에밀 씨와 동석하게 되었습니다.

그는 이탈리아 피렌체에 있는 세계에서 가장 오래된 약국 '산타마리아노벨라'의 상품을 일본에 소개하거나, 긴자의 고급 이탈리안 레스토랑 '지아졸로 긴자'의 오너로 근무하며 이탈리아 토스카나의 '아르티미노'라는 와인을 수입하고 있습니다. 또 그는 잡지 〈괴테〉의 '남자들이 사랑해 마지않는 자동차' 특집(최신 슈퍼카를 소개하는 마지막 페이지에 야마노 씨가 애용하는 차인 1973년 내로우 포르쉐\*의 리스토어에 관련된 내용이 게재되어 있다)에 소개될 정도로 자동차에 조예가 깊은, 남자들이 동경하는 선배입니다.

그날 마침, 인터넷에 제가 사외이사를 맡은 주식회사 온 리가 이탈리아의 오래된 편집숍 '타이 유어 타이'와 공동 경영으로 기업을 설립한다는 뉴스가 올라왔습니다.

밴 안에서 야마노 씨에게 그 뉴스를 전하자, 야마노 씨는 "원래 타이 유어 타이를 일본에 들여온 사람이 저예요" 라고 얘기하여 저와 테이 슈 씨가 놀랐던 기억이 있습니다. 그 신기한 인연을 계기로 야마노 씨와는 지금까지 친분을 유지하고 있습니다.


아카사카에 있는 야마노 씨의 사무소를 방문했을 때의 일입니다.

야마노 씨가 "타로 군은 자동차를 좋아하나요?"라며 이야기를 꺼냈습니다. "물론 좋아하지요!"라고 바로 대답하자, "저도 자동차를 너무 좋아하는데요"라며 얼굴 한가득

---

\* 내로우 포르쉐(narrow porsche)는 포르쉐 911의 초기 모델인 901 형태의 차이다.

미소를 머금고 "제가 애용하는 자동차는 말이지요. 별장 차고에 두 대가 있답니다"라고 말하는 것이었습니다.

제가 "두 대요? 그러면 차종은 무엇인가요?"라고 질문하자, "네, 란치아 스트라토스예요. 한 대는 평소에 타고 다니고, 한 대는 보관용입니다"라며 마치 보물을 자랑하는 어린아이처럼 싱글벙글 웃으며 대답하는 것이었습니다. 란치아 스트라토스라니! 너무 깜짝 놀랐습니다.

현존하는 정품 '란치아 스트라토스'는 세계적으로 가장 희소한 차입니다. 중고차 사이트에서 검색해보아도, 한 대도 나오지 않지요. 1974년에 출시된, 왕년의 슈퍼 랠리카입니다.

심지어 생산 대수는 적은데 인기가 너무 많아서, 공식적인 레플리카부터 비공식적인 복제 차까지, 다양한 종류로 만들어진 전설적인 모델도 있습니다.

야마노 씨가 소유한 란치아 스트라토스는 정품이어서 아무리 저렴해도 한 대에 5,000만 엔 이상이라고 합니다. 그런 차가 두 대나 있으니 어림잡아도 최소한 1억 엔인 것이지요.

"대박!"

그런 말이 무의식중에 저의 입에서 쏟아졌습니다.

이럴 때는 "정말인가요!"라고 반응해야 하지만 한순간 거짓말 같은 강렬한 이야기가 믿기 어려워서 냉정함을 잃고 무심코 그렇게 말해버린 것입니다.

믿지 못하겠다는 저의 표정을 야마노 씨가 눈치챈 것인지, "잠시만 기다리세요"라고 말하고는 책장에서 앨범 한 권을 꺼내 왔습니다.

앨범을 휙휙 넘기면서 "여기, 이거예요!" 하고는 앨범의 한 페이지를 책상에 펼쳤습니다. 펼쳐진 페이지의 사진에는 틀림없는 '란치아 스트라토스' 두 대가 나란히 자리 잡고 있는 것이 아니겠습니까.

다른 페이지에도 그가 운전하고 있는 모습 등 멋진 사진들이 50장 정도 가지런히 꽂혀 있었습니다. 마치 사진집처럼 깔끔하게 제본까지 되어 있는 앨범이었습니다.

그러고는 "제 별장을 보겠습니까?"라고 말한 뒤, 마찬가지로 그는 '별장 앨범'을 꺼내 왔습니다.

그때, 저의 머릿속에서 회상되는 장면이 있었습니다. 번뜩 깨달은 것입니다.

## ▋상대방이 의심하기 진,
### 유무를 말하지 말고 증거를 제시한다

지금으로부터 딱 20년 전, 세계를 자유롭게 돌아다니는 억만장자가 있었습니다. 그는 이름이 데이비드지만 사실 완벽한 일본인입니다. 미들네임이 '데이비드'일 뿐입니다.

그 데이비드 씨는 정말 대단한 사람입니다.

제가 27세일 때, 니시아자부의 오래된 이탈리안 레스토랑인 '키안티'에서 그를 처음 만났습니다. 그때 동석한 스승에게 "이 사람은 마이클 잭슨의 친구라네" 하는 말과 함께 소개받았습니다.

팝의 황제 마이클 잭슨이 언급될 것이라고는 생각지도 못하여 현실감이 느껴지지 않았습니다. 눈앞의 데이비드 씨는 확실히 평범한 사람은 아니라는 아우라를 풍기고 있다는 사실을 깨달았습니다. 무섭거나 박력이 넘치는 것과는 다른, 차분한 아우라였습니다. 먼저 입을 열지 않고, 말하는 방법도 매우 느긋하며 정중했습니다.

'그렇구나. 진짜 거물은 이런 느낌이구나'라고 생각했던 것을 지금도 선명하게 기억하고 있습니다.

데이비드 씨를 보며 "와아, 마이클 잭슨의 친구입니까?"

하며 첫인사를 건네자, 옆에 있던 그의 부인이 바로 그가 마이클 잭슨과 담소를 나누고 있는 사진을 꺼내 보이며 즐거운 듯 이야기를 시작했습니다.

"와아" 하며 제가 사진에 얼굴을 가까이하고 들여다보자, "이 사진은 저번 달 마이클 잭슨이 일본에 방문했을 때예요. 이거는 디즈니랜드고요"라고 말했습니다.

"그러고 보니 뉴스에서 마이클 잭슨이 디즈니랜드를 전부 빌렸다고 했었지요."

"맞아. 당신 잘 알고 있군. 그때 나도 같이 있었다네."

두 손 두 발 다 들었습니다.

평소와 같은 감각이라면 '에이, 거짓말일 거야!'라고 생각하겠지요.

하지만 '거짓말'이라고 생각할 틈도 없이, 바로 증거 사진을 내미는 것이었습니다. 디즈니랜드에서 마이클 잭슨과 사이좋게 걷고 있는 사진을! 게다가 한 장이 아니라 여러 장이었습니다. 사진을 연달아 보여주자 더 이상 의심할 여지가 없었습니다.

"그리고 레스토랑에서 식사하고 있는데, 그 버블스가 말이야."

"버블스? 버블스라면, 마이클 잭슨의 애완 침팬지 말인가요? 우와!"

이건 진짜 말도 안 돼! 저는 졸도할 정도로 놀랐습니다.

제가 '모두 거짓말이야! 거짓말이 분명해!'라며 마음속으로 외치려는 순간, 두 사람이 브이 포즈를 취하며 버블스와 함께 찍은 사진을 보여주는 것이었습니다.

완전히 '움직이지 않는 증거'입니다.


란치아 스트라토스도, 별장도, 버블스도 마찬가지입니다만, 그들의 이야기만 들으면 '수상함'이 느껴져도 거기에는 반드시 증거 사진이 짝꿍처럼 함께 있었습니다.

'믿는다, 믿지 않는다'가 아닙니다. 그냥 믿을 수밖에 없는 것입니다. 증거 사진이 있는 것과 없는 것은 설득력이 완전히 다릅니다. 반대로 말하면, 데이비드 씨 정도의 이야기에 증거 사진이 없다면 너무 허황된 이야기라 '혹시 사기꾼인가?'라는 인상이 쌓이고 말겠지요.

포인트는 상대방이 의심하기 전에 증거 사진으로 차례차례 '의심의 씨앗'을 뽑아버리는 것입니다. 의심이 크게 부풀어 오르기 시작하면 불을 끄는 작업이 고생이기 때문입니다.

자신의 평판을 지키기 위해서는 상대방에게 의심을 심

어주지 않는 것, 그리고 상대방이 의심하기 전에 증거를 제시하는 것이 중요합니다. 이것이 바로 최대의 방어입니다.

그것을 아는지 모르는지, 어쨌든 억만장자는 확실하게 '증거 사진을 정리'합니다. 유명인사와 함께 찍은 사진, 희소한 물건, 특이한 체험 등은 철저하게 사진을 정리해 보관하고 있어서 필요할 때 짠, 하고 제시할 수 있습니다.

이런 그들의 습관을 깨달은 후, 저도 에버노트를 중심으로, 컴퓨터의 사진 애플리케이션을 통해 정보를 정리하게 되었습니다.


또한 억만장자는 사진뿐만 아니라 자신의 경력도 확실하게 정리합니다.

'나는 1997년 이 회사에서 직위는 무엇이었으며, 연봉은 얼마, 이러한 안건을 누구와 실행하여 몇억 엔의 실적을 남겼다.'

이러한 형태로 경력과 실적, 그리고 에피소드를 정확하게 기억하고 있습니다.

증거의 정리는 아니지만 업무의 경우, 말하는 내용을 자꾸 바꾸는 변덕이 심한 상대와 함께 일할 때는 메일 등 어떠한 형태로든 시계열 순으로 정리하여 기억하는 것이 중요합니다.

기억을 정리하는 일은 다른 사람을 위해서뿐만 아니라, 자신의 생각을 정리하는 데도 도움 됩니다.

'나는 어떤 일을 어떻게 해왔는가?'

가끔은 재고를 정리하듯 확인해봅시다. 무언가 새로운 깨달음이 있을지도 모릅니다.

> **이렇게 해보자!**
>
> - 상대방에게 의심을 살 만한 증거를 정리한다. 이것이 최고의 방어이다.
> - 자신의 경력, 직위, 업무 실적을 시계열로 정리한다.

# 다른 사람을 우선으로 생각한다

## : '먼저 하세요'와 '그러면 제가 먼저'의 정신을 단련한다

인간성이란 무엇일까요? 인간성이라는 단어를 듣고 어떤 생각을 떠올렸나요?

어떤 젊은이가 저에게 분노를 터뜨린 일이 있었습니다.

"저 사장, 분명히 부자겠죠. 하지만 더러워요, 인간으로서. 저는 용서할 수 없어요."

그는 분명 부자라면 당연히 인간성이 있다고 착각한 것이겠지요. 하지만 유감스럽게도, 경제적인 성공과 인간적인 성숙은 전혀 상관관계가 없습니다. 인간성은 돈으로 살 수 없는 것입니다.

예를 들어 비행기가 착륙할 때의 모습을 떠올려보길 바

랍니다. 안전띠를 해제해도 좋다는 사인이 꺼지면, 승객들은 일제히 자리에서 일어나 짐을 내리려고 하거나, 비행기에서 내릴 준비를 시작합니다. 그중에는 주위를 아랑곳하지 않고 먼저 내리기 위해 출구로 달려 나가는 사람도 있습니다. 아침 첫 번째 비행기라서, 더 서두르는 것일지도 모릅니다. 하지만 빨리 내리고 싶은 마음은 다른 사람들도 똑같습니다. 다른 사람을 밀어내고 자신을 우선으로 생각한다, 여기에 그 사람의 인간성이 드러납니다.

반대로 같은 상황에서 '먼저 내리세요'의 정신을 발휘하고 여유로운 마음으로 다른 사람을 우선할 수 있는 사람도 있습니다. "먼저 가세요" 하며 웃는 얼굴로 길을 내어주는 사람을 보면, '덕이 높은 사람이구나'라고 생각하게 됩니다.

그렇다면 여러분은 어떤 사람이 되고 싶나요?

모두가 서두를 때, '먼저 하세요'라는 마음.
누구도 가기 싫어할 때는 '그렇다면 제가 먼저'라는 마음.

이러한 사고방식은 오랫동안 마쓰시타 정경숙에서 학생들을 지도한 조코 아키라 선생이 한 말입니다.

매일매일, 그 정신을 마음에 간직하고 실천한다면 분명 인간성은 단련될 것입니다.

예전에 저를 포함한 친구 세 명이 어느 레스토랑에서 식사하고 있을 때의 일입니다. 옆 테이블의 사람이 큰 소리로 "저기요. 계산 부탁드립니다"라고 말하며, 저희 테이블 옆에 있던 직원의 팔을 붙잡으며 멈춰 세우는 것이었습니다. 깜짝 놀란 직원은 자신도 모르게 접시를 놓칠 뻔했습니다.

매너를 알지 못하는 건지, 우아함이 없는 건지! 아니, 그렇지 않습니다. 그 역시 자신을 가장 우선시했을 뿐, 상대방과 주변의 상황을 전혀 보지 않고 생각하지 않는 낮은 인간성이 원인입니다.

다른 예로, 홍콩의 침사추이에 있는 중화요리 음식점에서 있었던 일입니다. 소란스럽게 오사카 사투리를 쓰는 풍채 좋은 남자가 화려한 차림의 여성 두 명을 데리고 들어왔습니다. 자리에 앉자마자 일본어로 "메뉴 가지고 와!" 하며 큰 소리를 내뱉고서는 바로 "일단 페킹 덕 가져와!" 했습니다.

직원이 "음료는 어떻게 도와드릴까요?"라며 묻자, 그는 "음료는 됐고, 너는 먼저 페킹 덕 주문부터 넣고 와!"라고 말했습니다.

그 모습을 본 저는 갑자기 기분이 나빠졌습니다. '어쩌면 저렇게 건방진 태도와 말투일까' 하는 생각도 들었습니다. 이는 중국인을 얕잡아본다고 생각할 수 있는 차별적인 행동입니다. 심지어 그 밖에도 다른 일본인 관광객도 있었는데…… 주변 상황은 전혀 보지 않는 것이겠지요. 그의 팔에 채워진 500만 엔짜리 고급 손목시계가 반대로 품위가 없다는 상징처럼 느껴져 굉장히 안타까웠습니다.

일하면서도 입장이나 담당자에 따라 태도를 싹 바꾸는 사람이 적지 않습니다. 그 사람의 인간성은 그럴 때 확연히 드러납니다.

그들은 '다른 사람들에게 어떻게 보이든지 그건 내가 알 바 아니야'라고 생각하는 사람일지도 모르지만, 저는 절대로 그렇게 되고 싶지 않습니다.

**이렇게 해보자!**
- 인간성은 돈으로 살 수 없다. 끝까지 갈고닦아야 한다.
- 언제나 감정적으로 여유가 있어야 자신보다 다른 사람을 우선으로 생각할 수 있다.

# 사람과 사람을 바로 이어준다
## 인간 SNS가 되어 자신의 인맥을 소개한다

집요하게 선 자리를 마련해주는 '오지랖 넓은 아줌마'
와 같은 기세로, 훌륭한 억만장자는 싱거울 정도로 간단하
게 자신의 지인을 소개해줍니다. 오늘 처음 만난 사람에게
도 처음 만난 그날 이미 누군가를 소개할 정도로, 다시 말
하자면 소개 마니아입니다.

"타로 군, 요즘 일은 잘되나? 곤란한 일은 없는가?"

"그렇군. 그런 문제라면 로버트라는 친구가 있으니 지
금 소개해주겠네. 내일이라도 만나서 물어보도록 해. 시간
은 괜찮나?"

이런 느낌으로 시원스럽게 자신의 인맥을 보여줍니다.

억만장자는 점점 사람과 사람을 이어주는, 다시 말해 '인간 SNS'인 것입니다.

소개를 받는다는 것은 매우 기쁜 일이지만, 언제나 좋은 상황만 있는 것은 아닙니다.

예를 들어 소개받은 사람이 사기꾼이나 다름없다고 가정합시다. 그 사람을 믿고 5,000만 엔을 투자했는데, 3개월 후 깔끔하게 5,000만 엔의 손실 피해를 보았습니다. 그러면 사기를 당한 사람은 "당신이 소개해준 사람이 오천만 엔을 꿀꺽했어! 어떻게 할 거야?"하며 소개해준 억만장자에게 손실을 보전해달라고 몰아붙이게 됩니다.

하지만 이는 완전히 잘못된 이야기입니다. 그 사람이 소개해준 것은 맞지만, 그 뒤의 일은 당사자들끼리 나눈 어른들의 이야기이기 때문입니다.

돈과 관련된 이야기가 나오면 "그가 이런 이야기를 했는데 말이야"하며 소개해준 사람에게 피드백을 하면 몰라도, 아무런 상담도 없이 금전적인 이야기를 진행했다면 그것은 완전히 자기 책임입니다. 자기 책임의 의미를 알지 못하고, 나중에 불평 불만을 쏟아내는 사람에게는 가볍게 다른 사람을 소개해줄 수 없습니다.

여러분이 '소개받기 쉬운 사람'이 되고 싶다면 정확한 신원과 경력 등 개인의 기본 정보를 빠른 단계에서 상대방에게 전달해야 합니다. 상대방이 알기 쉽도록 주식 상장한 근무처의 이름, 자신의 멘토, 십년지기의 공통된 친구, 반사회세력과 관계가 없다는 사실을 명시할 수 있다면 소개해주는 입장에서도 다른 사람에게 소개하기 쉬워질 것입니다. 반대로 수상함이 가득한 사람은 다른 사람에게 소개하기 어렵겠지요.


## ▌소개는 어디까지나 계기, 그 후의 문제는 당사자들끼리

앞의 에피소드로 돌아가면, 억만장자는 100% 선의로 '일단 소개는 해줬지!(하지만 그 뒤의 일은 너희들의 문제야! 자기 책임이니까 알아서 해!)'라는 의미입니다. 단순히 이어주는 것일 뿐, 계기를 만들어준 것에 지나지 않는다고 말하면 이해하기 쉽겠네요.

소개해준 입장에서도 그들이 서로 상부상조하는 관계가 되면 가장 좋겠지만, 결과는 아무도 알지 못합니다. 좋지도, 나쁘지도 않은 중립적인 입장으로 소개하는 것뿐입니다.

이런 이야기를 제 인생의 스승인 오카베 다카시 씨에게 하자 그는 냉정하게 말했습니다.

"사기라니? 거참 곤란하겠네. 하지만 그것은 소개해준 사람의 책임은 아니지. 단순히 그 사람에게 좋다고 생각해서 소개해준 것뿐이야. 거기에 본인이 소개해줬다고 꼭 그들이 친하게 지내야 한다는 법은 없으니까. 소개는 해줬지만, 그 사람을 보고 사귈 수 있는 사람인지, 그럴 수 없는 사람인지를 판단하는 것은 그 자신이잖아."

예전에 샌프란시스코의 나파 밸리를 방문했을 때의 이야기입니다.

어느 억만장자에게 '지금 캘리포니아의 나파 밸리에 와 있습니다!'라고 메시지를 보냈습니다. 그러자 바로 '지금 나파 밸리에 있다면 소개해주고 싶은 사람이 있네'라며 답장이 왔습니다. 저에게는 다른 볼일이 있었지만, 일정을 변경하고 그를 만나러 갔습니다.

소개받은 사람은 사카자키 잭이라고 불리는, 도요타컵과 데이비스컵에 적극적으로 도전한 스포츠계의 영향력을 가진 인물이었습니다. 그때의 만남을 계기로 지금은 매년 9월, 도쿄 아메리칸 클럽에서 개최하는 나파 밸리의 와인 시음회에 초대받을 정도의 관계가 되었습니다. 어쨌든 억만장자에게 소개는 마치 취미와 같다고 할까요. 언제나 소개해줄 사람들을 찾고 있다고도 할 수 있겠습니다.

누구의 소개인지와는 관계없이 이 세상을 살아간다는 것은 언제나 약육강식의 세계에서 속을 위험성을 내포한다는 사실을 잊지 말아야 합니다.

처음부터 속일 생각은 없더라도 사업이 좌절되어 투자한 자금이 돌아오지 않는 일도 있을 테지요. 그러한 경우도 모두 포함하여 자기 책임이라는 이름 아래에서 행동할 각오가 요구됩니다.

**이렇게 해보자!**

● 자신의 신원을 전달하여 '쉽게 소개받을 수 있는 사람'이 된다.
● 소개는 어디까지나 계기에 불과하며, 그것을 어떻게 활용할지는 당사자들의 문제이다.

# 과거의 성공에 얽매이지 않는다

## : 새로운 것을 호의적으로 받아들이고 반응하려는 마음가짐을 갖는다

지금으로부터 약 4년 전, 스티브 아오키*를 처음 접했습니다. 누군가에게 "요즘에는 EDM(일렉트로닉 댄스 음악)이 인기를 끌고 있어요" 하는 이야기를 들어 마지못해 듣게 되었습니다(주의! 일단 주제에 대해 호의적으로 접근할 것!).

"이 곡이 스티브 아오키의 대표곡이에요" 하는 말을 들었지만, 솔직히 확 와닿지 않았습니다. 그뿐만 아니라 어디가 좋은지 이해하지 못했습니다. '거참 시끄럽네. 내 취향이 아닌걸'이라며 온몸이 거부하는 느낌이어서 저도 모

---

* 스티브 아오키는 그래미상 후보에 두 번이나 오른 세계적 뮤지션이자 음악 프로듀서이다. 무대에서 관객에게 케이크를 던지는 퍼포먼스도 인기다.

르게 입에서 "아오키는 별로야" 할 뻔했습니다.

하지만, 하지만! 입으로 내뱉기 바로 직전에 멈추었습니다.

'혹시 별로라고 생각되는 이유는 내가 나이가 들었기 때문은 아닐까? 신체의 센서가 고장 나버린 것은 아닐까?'

이런 생각을 했기 때문입니다.

냉정하게 생각해보면 당연히 아오키가 별로인 것이 아니라 제 센서의 문제입니다.

'유감스럽게도 이것은 내가 받아들일 수 없어!'라고 인정하는 것은 매우 고통스럽습니다.

'하지만 이래서는 안 돼!'

저는 저 자신을 질타했습니다. 생각을 완전히 바꾸고 우선 진심을 다해 전력으로 수용해보기로 마음먹었습니다.

일단 스티브 아오키의 관련 작품을 모두 내려받아, '아오키 폐인'처럼 시간을 보내기로 했습니다. 계속 반복해서 들었습니다. 그리고 3일째 되던 날, 드디어 변화가 찾아왔습니다.

'꽤 좋은데, 스티브!'

비로소 제 마음속에서 화학 반응이 일어난 것입니다!

몇 년 전, 비행기 회사를 재건한 경영자가 한 인터뷰에서 "최근 가요의 가사에는 마음이 담겨 있지 않다"고 했습니다. 그 발언은 '나는 꼰대입니다'라는 발언과 같은 의미인데, 본인은 전혀 깨닫지 못한다는 사실에 안타까움을 느꼈던 기억이 떠올랐습니다. 그 경험을 통하여 저는 '요즘 젊은이들은 말이야'와 비슷한 말이 나온다면 주의해야 한다는 사실을 꼭 기억해야겠다고 다짐했습니다.

이 말이 자연스럽게 나온다면 여러분은 확실한 꼰대입니다.

그 밖에도 "요즘 TV는 재미없다", "좀처럼 영화를 보지 않게 되었다", "원하는 물건이 전혀 없다", "그게 왜 재미있는지 모르겠다" 하거나 술집에서 "나 때는 말이야", "나는 했는데 너는 왜 안 되니" 하는 등 취기에 후배 직원에게 설교하는 상사가 되지 말아야 합니다.

이런 뉘앙스의 말들은 모두 확실한 꼰대임을 증명하는 문장입니다. 유감스럽지만 단지 당신이 새로운 것에 반응하지 못하는 것뿐입니다.

사람은 모두 자신도 모르는 사이에 크고 작은 과거의 성공 경험에 얽매여 살아갑니다. 자신의 성공 경험에 얽매이면 얽매일수록 사고의 자유도가 떨어져 새로운 정보를 받아들이는 공간을 잃어버리게 됩니다. 그래서 다양한 사람과 많은 책이 '과거의 성공에 자신을 가두지 마세요!' 하며 목소리를 높이는 것입니다.

## ▌스스로 변화를 만들어내고 '수용하는 힘'을 기른다

하지만 말하기는 쉬워도 행동으로 옮기는 것은 어렵습니다. 스스로 받아들이고 변화한다는 것은 매우 어려운 일입니다.

우선 새로운 물건이나 정보를 거부하지 않을 것. 스스로 의식을 바꾸고 새로운 것에 대해 긍정적인 흥미를 느끼며, 그걸 수용하려고 할 것.

솔직히 49세인 저에게 "타로 씨, 그렇게 하면 꼰대예요"라고 친절하게 알려주는 사람은 없습니다. 유감스럽지만 스스로 깨달아가는 수밖에 없는 것입니다.

저는 새로움과 잘 대응되지 않을 때, 가장 먼저 저의 고리타분함을 의심합니다.

꼰대가 되는 것을 미리 방지하기 위해 스스로 '새로운 변화를 만들어가기' 위한 정기적인 이벤트로, 의무적으로 해외여행을 계획하거나, 새로운 레스토랑이나 새로운 호텔, 새로운 전자제품, 새로운 음악, 새로운 문화에 몸으로 부딪치려는 노력이 필요합니다.

당신의 일상이 지루한 루틴으로 가득하다면, 평화롭고 단조로운 상황을 단념하고, 지금까지 해보지 않았던 영역에 새로운 마음가짐으로 뛰어들어, 자신의 단계를 차근차근 높여봅시다. 편안한 안전지대에서 나와, 긴장감이 넘치는 최전선으로 뛰어드는 것입니다.

물론 새로운 것을 배우고 스스로 변화하려면 기력이 필요합니다. 하지만 이 기력이야말로 자신의 인생을 살아가는 여권이 된다는 사실을 잊지 않기를 바랍니다.


저는 온라인 판매 컨설턴트라는 직업 덕분에 성공한 사람들과 만나는 혜택을 누렸습니다.

그중에서도 큰 성공을 손에 거머쥔 사람일수록 자신이 성공했을 때 사용한 '성공 방정식'을 놓지 못하는 것처럼 보였습니다. 이런 경우 '자신이 옳고, 다른 사람은 틀리다'라고 생각하기 쉬워서 주의가 필요합니다. 나이는 관계없을지도 모르지만, 역시 40세를 넘기면 유연성이 떨어지게 됩니다. 그것은 저 자신도 통감하고 있습니다.

먼저 자신이 '벌거숭이 꼰대 자식'이 되어 있지는 않은지 돌아봐야 할 것입니다.

제가 사람을 판단하는 하나의 기준은 '새로운 것을 수용하는 힘'입니다. 새로운 정보에 호의적으로 반응하는지, 그 자세와 태도를 살펴봅니다. 변명만 하는 '한물간 사람'과 만날 헛된 시간 따위는 저에게 존재하지 않습니다.

그 사람이 고지식한지 아닌지를 판별하고 싶다면 "스티브 아오키를 좋아하시나요? 들어보지 않겠어요?"라고 질문하는 것도 괜찮은 방법일 수 있습니다.

**이렇게 해보자!**

- 자신이 모르는 것이라도 솔직하게 받아들인다.
- '한물간 꼰대'가 되지 않도록 기력을 유지하고 새로운 변화를 창출한다.

# a
# great
# habit

Chapter 4
건강과 취미 습관

# 흡연하지 않는다
## 인생 최대의 리스크인 '질병'에 대한 대처법을 안다

저는 이 책을 집필하기 위하여 많은 억만장자를 연구했습니다.

그들에게 한 질문 중 하나가 1년 동안 받은 건강검진의 최고 횟수에 관한 내용이었습니다.

참고로 가장 많이 받은 사람이 연 4회입니다. 그 억만장자는 55세까지는 적어도 연 3회는 검사를 받고 싶다고 말했습니다. 그러한 주기로 검사한다면 '발견했지만 이미 늦었다'라는 상황은 없을 것입니다. 그리고 55세를 넘으면 암의 진행 속도도 늦어지기 때문에 횟수를 줄여나갈 예정이라고 말했습니다.

반면 의료 기기를 수입하는 제조 기업의 한 사장은 의사의 불섭생(환자에게는 건강을 지키라는 의사가 정작 자신의 건강은 돌보지 않는다는 의미)은 아니더라도, 정기검진이 싫어서 한 번도 받은 적이 없다고 말했습니다.

이처럼 억만장자라고 하더라도 건강에 대한 사고방식은 사람마다 모두 제각각입니다.

물론 정기적인 '건강검진'으로 질병의 조기 발견과 조기 치료를 기대하는 사람이 많으리라 생각합니다. 일로 성공하더라도 수명을 줄일 정도의 질병이 생긴다면 주객이 전도될 뿐만 아니라, 많은 직원을 거느리는 경영자 또는 가족의 가장으로서 책임이 있다고 생각하는 것은 당연합니다.


2013년, 배우 안젤리나 졸리가 유방암 예방을 위하여 양쪽 가슴의 유선을 제거하는 수술을 받았다는 사실이 큰 뉴스가 되었습니다. 그 후, 그녀는 2015년에 난소와 나팔관을 적출하는 수술도 받았습니다.

그 두 가지 수술은 예방적 절제술이라고 부릅니다. 최첨단 유전자 검사의 결과, 유전적으로 유방암과 난소암이 발생하기 쉬운 체질이었던 그녀는 유방암이 발생할 가능성이 87%라는 판단을 받아들이고 수술을 결심했다고 말했습니다.

최첨단 의학의 진보에 따라 수명에 관계하는 유전자와 메커니즘의 해명이 바로 지금, 현재에 세계적으로 진행되고 있습니다. 그야말로 인간의 평균 수명이 100세를 넘기는 시대가 눈앞에 다가왔습니다. 의학의 싱귤래리티*가 실현된다면 불로불사도 꿈이 아닐지 모릅니다.

의료 분야에는 논리나 종교, 정치 등의 관점에서 명확하게 짚고 넘어가야 할 문제가 산처럼 쌓여 있습니다. 하지만 불사는 아니더라도, 불로를 실현할 가능성은 하루하루 높아지고 있다고 말할 수 있겠지요.

## ▌정기 건강검진 전에 해야 할 것

아무리 장수할 수 있어도, 10년을 몸져누워 있다면 의미

---

\* 싱귤래리티(Singularity)는 인공지능과 사물인터넷의 결합이 가져올 미래를 상징하는 용어로, 인공지능이 인간 지능을 넘어서는 기점을 의미한다. 소프트뱅크 회장이 1000억 달러를 관련 펀드에 투자하기도 했다.

가 없습니다.

그렇다면 이를 방지하기 위하여 어떤 습관을 몸에 익혀야만 할까요? 또 어떤 식생활을 선택해야 할까요? 검토해야 할 과제는 너무나 많습니다.

저와 가장 사이가 좋은 훌륭한 억만장자도 40대 즈음에는 최소 연 2회의 정기검진을 받았습니다. 그러다 60대가 된 후에는 마치 사람의 약점을 들춰내는 것 같은 검진을 중단하고, 요가와 함께 유기농 식사를 실천하고 있습니다.

자신의 신체를 검진으로 모니터링하는 것이 아니라, 매일 '신체와 대화가 잘 이루어지고 있는가?'를 알기 위해 '신체의 목소리'를 들을 수 있도록 생활하고 있다고 합니다. 정기검진 전에 반드시 해야 할 것이 있다는 사실을 깨달은 것이겠지요.

물론 억만장자는 일반 사람들보다 의사와의 네트워크도 넓고, 수술해야 한다면 명의 중 명의라고 불리는 의사를 지명하는 방법도 있을 것입니다. 그 외에도 그들은 단전호흡이나 요가, 스트레칭, 콜드 프레스의 착즙 원액 주스에 발아 현미식, 끝으로 효소 드링크 등 스스로 할 수 있는 것은 철저하게 실천하고 있습니다. 누가 뭐라고 해도 그들의 건강에 대한 의식 수준은 매우 뛰어납니다.

이렇게 말하는 저 또한 건강에 대한 의식이 높긴 하지만, 사실 실천은 전혀 하지 않고 있습니다. 이 세상의 '나쁜 유혹'에 응하거나, 매일 밤 술을 마시면서 부서질 것이 뻔히 보이는 진흙으로 만든 배를 저어 가고 있는 것입니다. 깨닫고 보니 저는 회사의 건강검진, 하물며 암 검사를 한 번도 받은 적이 없습니다. 그냥 건강검진이 매우 싫었던 것입니다.

다만, '뇌 검사'라고 하는 뇌경색의 징조를 알아보는 MRI와 심근경색의 전조를 알아보는 '심장 검사', 두 가지만은 정기적으로 검사를 받고 있습니다. 이 두 가지의 검사를 받는 이유는 혹시 질병이 발견되더라도 신체에 부담이 적은 최신 카테터* 수술로 치료할 수 있을 것이기 때문입니다.

그 외에도 건강과 관련하여 주의해야 할 점이 바로 흡연입니다. 아직 담배를 피우고 있다면 반드시 금연하는 것이

---

* 카테터(Catheater)는 체강 또는 구멍이 있는 장기로부터 액체를 빼내거나 그곳에 액체를 넣기 위한 외과 기구이다.

좋습니다. 담배는 백해무익합니다.

정기검진을 좋아하라고 권하지는 않지만, 자신의 몸이 지금 어떤 상태인지 늘 주의 깊게 살피는 것은 중요합니다. 여러분에게 가족 특히 어린 자녀가 있다면, 한 가정의 구성원으로서 자신의 건강에 관심을 가지는 것은 리스크 헤지, 즉 위험을 회피하는 방법입니다.

아무리 의료 기술이 진보했다고 하더라도 인간의 최대 리스크는 역시 '질병'입니다. '유비무환', 준비만 잘되어 있으면 걱정하지 않아도 됩니다.

**이렇게 해보자!**

- 건강에 대한 의식 수준을 끝없이 향상시킨다.
- 자신의 '신체 목소리'에 귀 기울이는 생활을 한다.

# 엄청난 와인 셀러
## 와인을 통해 명품 판별 시각을 기른다

와인은 억만장자의 공통 언어 중 하나입니다.

어느 억만장자가 소유한 가나가와현 하야마에 있는 별장 가든파티에 참가했을 때의 일입니다. 주최자인 그는 2,000병 정도 되어 보이는 와인 셀러를 자랑스럽게 보여 주었습니다.

로마네 콩티부터 샤토 마고, 샤토 라피트 로칠드, 보르도의 5대 샤토가 연대별로 진열되어 있었습니다. 그중에서 저는 앙리 지로의 '퓌 드 셴*'이라는 프리미엄 샴페인을

---

\* 퓌 드 셴(FUT DE CHENE)이란 '나무통'이라는 의미로, 이름 그대로 오크통에서 발효하고 숙성시킨 앙리 지로의 플래그십 큐베의 한 가지다. 2013년에는 퓌 드 셴을 뛰어넘는 탑 큐베로 '아르곤(ARGONNE) 2002'가 출시되었다.

발견했습니다.

"앙리 지로, 맛있지요. 제 이름이 타로라서 그런 것은 아니고요"라고 말하자, "그럼 오늘은 앙리 지로를 마셔봅시다" 하는 분위기가 조성되었습니다.

이 말은 '이왕 마실 것이라면 와인에 조예가 깊은 사람에게 맛을 느끼게 해주고 싶다. 또 와인을 사랑하고, 와인을 잘 아는 사람과 함께 와인을 즐기고 싶다'는 마음의 표현인 것입니다. 반대로 와인을 잘 모르는 사람에게 그 많은 와인 컬렉션 중 훌륭한 와인을 개봉하는 억만장자는 없습니다.

물론 체질적으로 술을 잘 마시지 못하는 사람에게 무리하게 와인을 추천하는 것은 아니지만, 억만장자를 목표로 한다면 와인에 관심을 가지고 지금부터라도 공부하는 편이 좋습니다.

왜냐하면 와인을 이해하려면 아무래도 그에 상응하는 시간을 소요해야 하기 때문입니다. 물론, 이는 와인에만 해당하는 말은 아닙니다. 정말로 좋은 것의 훌륭함을 알기까지는 대략 몇 년이 걸리기도 합니다.

속도가 승부라고 말하는 현대 시대, 비즈니스가 무사히 궤도에 오르면 1년 또는 2년 만에 1억 엔, 2억 엔이라는 큰 돈을 벌어들이는 사람도 등장하고 있습니다. 그렇게 되면 누구나 간단히 '억만장자 흉내'를 낼 수 있습니다. 그러나 와인의 경우, 도매상이 아무에게나 대량으로 공급하는 것이 아닙니다. 돈이 아무리 많아도 와인은 마시지 않으면 알 수 없기 때문입니다.

게다가 유감스럽게도 와인은 '값비싼 와인을 마시기만 하면 알 수 있다'는 간단한 이야기가 아닙니다. 어떻게 맛있는지, 또 자신이 좋아하는 취향의 와인은 무엇인지, 어느 정도 와인을 마시는 경험을 거듭하지 않으면 와인에 대한 경험치는 오르지 않습니다.

모처럼 고가의 귀중한 와인을 마셔도, 돼지 목에 진주목걸이가 될 수 있습니다. 와인을 마시는 방법을 보면 그 사람이 그동안 와인을 마셔왔는지, 그렇지 않은지 뚜렷하게 드러납니다.


와인의 산지나 포도, 제조 방법의 계보를 정리하면서 맛을 비교하고 경험과 지식을 대조하며 트리 구조로 정리해 나가는 것이 중요합니다.

물론 요리와의 페어링을 생각하거나, 그 샴페인 다음으로 이 화이트와인, 그다음에는 이 레드와인이라는 연속성을 생각하는 것도 와인을 즐기는 방법 중 하나입니다.

'그래서 와인. 그래도 와인.'

그 깊이를 충분히 이해할 수 있을 때까지는 적어도 10년 이상의 긴 여정이 필요합니다.


## ▎와인은 명품을 판별하는 눈을 길러준다

저렴한 와인도 나쁘지는 않지만, 무엇보다 '이것은? 무엇이지? 와인이구나!' 하며 흥분으로 온몸이 떨릴 정도로 맛있는 와인을 꼭 맛보았으면 좋겠습니다. 훌륭한 와인과의 만남으로 인생은 하루아침에 변화할 수 있습니다.

꼭 기회를 만들어 맛있는 와인을 마셔보길 바랍니다.

'명품을 판별하고 충분히 즐기다.'

그 훌륭함을 여러분이 느꼈으면 좋겠습니다.

그리고 와인뿐만 아니라 업무에서도, 인생에서도 그렇게 훌륭한 명품을 거듭하여 체험하기를 바랍니다.

참고로 저는 28세 때 본격적으로 와인을 마시기 시작했습니다. 그로부터 20년, 연평균 500병 정도 마셨으니, 어림잡아 20년에 1만 병을 마셨다는 계산이 됩니다.

처음 1년 동안은 부르고뉴산 레드와인만 마셨습니다. 그것도 그랑크뤼와 프리미어 크뤼만 300병 정도 마셨습니다. 그다음 해에는 보르도와 부르고뉴만 500병 이상 마셨습니다.

이것으로 와인에 대한 기초를 확실히 다졌습니다.

요즘에도 와인을 많이 마시는데, 1년에 대략 700병 이상 마시지 싶습니다. 최근에는 레콜탕의 샴페인에 빠져 있으며, 내추럴 와인도 매우 흥미롭습니다.

---

**이렇게 해보자!**

- 와인 공부는 하루라도 빨리 시작하는 것이 좋다.
- 명품 와인으로 경험치를 쌓으면 세상을 보는 방법이 달라진다.

# 전통 관련 배움을 이어간다
## 업무 외, 사람으로서 조예를 넓힐 기회를 가진다

50세가 되면, 전통문화에 해박한 것이 훌륭한 억만장자의 필수 과목이라고 해도 과언이 아닙니다. 국민으로서 의식이 높아진다고 할 수 있겠지요.

둘러보면 훌륭한 전통 예능이 넘쳐납니다. 전통 예능을 배우면 배울수록 우리 민족이 점점 더 좋아질 것만 같습니다. 왜냐하면 우리 역사의 두터움과 깊이를 느낄 수 있기 때문입니다. 그러면 자연스럽게 우리라는 공동체에 대해 자부심을 느낄 것입니다.

전통 예능이라고 해도 그 종류가 매우 다양한데, 특히

'도(道)'를 붙인 전통 예능들로, 다도, 화도(꽃꽂이), 서도(서예), 그리고 향도(향을 피우고 향기를 즐기는 풍류)를 떠올릴 수 있습니다. 두루두루 개관해보는 것만으로도 전통 예능의 깊이를 느낄 수 있겠지요.

여담이지만, 성공하여 부자가 되면 다른 사람에게 '꾸지람을 들을' 기회가 급격히 감소합니다. 그런 의미에서라도 전통 예능 스승의 따끔한 꾸중과 가르침은 매우 신선하고 귀중한 체험이 될 것입니다. 거만하지 않고 예의와 예절을 따른다면 마음이 맑아질 것입니다.

## ▌인간의 범위를 넓혀주는 전통 예능의 세계

저는 천 년 이상 이어져 내려온 전통 예능의 박력을 정확하게 전달할 만한 표현은 모르지만, 우선 거부하지 않고 호의적인 마음으로 전통 예능에 접근하는 것이 최선의 한 걸음이 아닐까 생각합니다. 기회를 만들어 전통 예능에 빠져보길 진심으로 추천합니다.

자신이 알지 못하는 세계나 오래된 전통 예능의 세계에 발을 들인다면 분명 새로운 발견이 있을 것입니다. 그것이 직접 업무로 연결되는 경우는 적다고 해도, 인간으로서 조예는 확실히 깊어질 것입니다.

아무리 일을 잘해도 업무 관련 이야기밖에 하지 못한다면 사람들은 시시한 사람이라고 생각할 것입니다. 같은 일을 해도 인간으로서 매력 있는 사람과 함께하고 싶다는 생각이 드는 것이 인지상정 아닐까요?

자, 이제 전통 예능을 통하여 새로운 세계에 눈을 뜨고 그동안 잠자고 있던 잠재력을 깨워봅시다!

**이렇게 해보자!**

- 전통 예능을 통해 문화의 뿌리를 알고, 새로운 세계로 나아간다.
- 전통에 대한 학습과 연습을 계속하면 인간으로서의 조예가 깊어진다.

# 철저하게 몰입한다

## 취미에 전문적으로 몰두하는 사람은 박력이 다르다

여러분의 특기 분야는 무엇인가요?

그에 대해 간략하게 설명할 수 있나요?

훌륭한 억만장자는 자신의 특기 분야를 짧고 간결하게
설명할 수 있습니다.

제가 20년 동안 도움을 받은, 훌륭한 억만장자의 대표라
고도 할 수 있는 그 사람의 특기는 바로 해킹입니다. 그는
컴퓨터 네트워크의 보안 전문가입니다. 외국으로부터의
집요한 서버 공격에도 아랑곳하지 않습니다. 차근차근 대
책을 세워 상대를 격파합니다.

그의 구체적이고 생생한 이야기는 뉴스에서는 체감할 수 없는 박력이 있어 듣는 사람을 모두 매료시킵니다. 자연스럽게 존경의 마음이 샘솟아 절로 고개가 숙여질 정도입니다. 하지만 그 바탕에는 비밀번호 균열의 최신 수법이나 매일매일 탄생하는 바이러스에 대한 대책까지 그의 꾸준한 정보 수집과 훈련, 노력이 있었습니다.

철저하게 몰두한 사람만이 가질 수 있는 박력이라고 말하면 좋을까요.


특기 분야라고 해도 굉장히 종류가 많습니다.

비즈니스 영역에서는 마케팅부터 상품 개발, 해외 진출, 수출입의 통관 업무, 회계 감사, 배송·물류 관련 시스템 개발이나 리뉴얼, 채용이나 인사 평가에 인사 제도까지 매우 다양합니다.

취미의 영역이라면 스포츠, 음악, 영화, 카메라, 여행, 아웃도어, 미술, 요리, 자동차나 오토바이, 우표나 동전 수집 등 굉장히 많은 분야가 있지요.


제 주변에는 '유산 상속'에 관하여 매우 잘 아는 선배가 있습니다. 어떤 질문에도 단박에 대답을 해줍니다. 전문가라고 해도 될 정도로 유산 상속과 관련해서 매우 잘 알지만, 의외로 본업은 수입 자동차 딜러입니다.

유산 상속에 대해서 어떻게 그렇게 잘 아는지 이유를 물어본 적은 없지만, 유산과 관련하여 곤란한 일이 생기면 자연스럽게 "그 선배에게 물어봐!" 하는 말이 나올 정도입니다.

그리고 유산 관련 상담을 하다 보면 마치 호혜성의 법칙이 작용하는 듯 자동차가 팔립니다. 상대방에게 도움 되는 일을 욕심 없이 계속했기에, 그것이 매출 상승으로 연결되는 훌륭한 순환이 발생하는 것입니다.

## ▎'조금 잘하는 특기'가 아니라 '전문가 수준'을 목표로

다시 한 번 질문하겠습니다.

여러분의 특기 분야는 무엇인가요?

'취미로 카메라를 조금 하는데', '요리를 조금 하는데'처럼 '조금'의 수준이어서는 절대 안 됩니다. 집중하고 몰두해야 비로소 특기 분야라고 할 수 있는 것입니다.

또 철저하게 몰입한 경험자만이 갖출 수 있는 탁월한 기술도 누군가에게 도움이 되지 않으면 우수한 재능을 썩히는 꼴이 되고 맙니다. 자신의 특기를 끝까지 몰입해보았다면, 이제 아낌없이 그 기술을 펼쳐봅시다.

그에 따라 새로운 세계가 열릴 가능성도 존재합니다. 유산 상속에 관하여 전문가 수준이 된 선배처럼 자신의 본업으로 되돌아올 가능성도 충분히 있습니다.

"완전 전문가 수준이군요!" 하고 감탄할 수준을 목표로 해봅시다.

---

**이렇게 해보자!**

- 취미도 '조금 잘하는 수준'이 아니라 철저하게 몰입한다.
- 특기에 끝까지 몰두하여 몸에 익힌 기술을 아낌없이 보여준다.

a

great
habit

역만장자의 엄청난 습관

# Chapter 5
# 돈 습관

## 지폐는 항상 신권으로 준비한다
### 징크스를 통하여 돈에 대한 예의를 갖춘다

 30세 무렵, 돈과 관련된 세미나에 참석한 적이 있습니다. 그 세미나는 '한 시간 동안 만 엔 지폐를 똑같이 따라 그려보자'는 체험을 유도했습니다. 만 엔 지폐를 샘플 삼아 연필로 온전히 만 엔에 집중하여 그리는 것입니다.

 그림을 그리면서 만 엔 지폐 도안의 치밀함에 깜짝 놀랐습니다. 만 엔 지폐와 천 엔 지폐를 비교해보면, 천 엔 지폐가 장난감 돈으로 보일 정도입니다. 그러데이션이 들어간 방법 하나만 놓고 보아도, 만 엔 지폐의 밀도는 실로 예술적인 수준입니다. 일본 최고의 인쇄 기술에 따라 인쇄된 것이 바로 만 엔 지폐입니다.

그런 만 엔 지폐의 이야기입니다. 하루는 어느 억만장자의 지갑을 볼 기회가 있었습니다. 그 안에는 신권 지폐가 두 묶음, 즉 200만 엔의 지폐 다발이 질서정연하게 들어 있어 감동한 적이 있습니다.

이러한 예를 언급할 필요도 없이, 억만장자는 신권 지폐를 매우 좋아합니다.


저의 스승 중 한 분의 지갑에는 언제나 띠지로 묶인 만 엔 지폐 100장이 들어 있습니다.

"왜 띠지로 묶은 백만 엔입니까?"

"별로인가? 이것이야말로 부적 같은 최고의 파워 아이템이지 않은가. 백만 엔 다발! 점점 가까이 다가온다! 사용할 때는 새끼손가락으로 띠지를 푸르고, 휙휙 지폐를 세어 지불한다네. 멋있지 않은가!"

띠지로 묶인 100만 엔 다발을 흔히 볼 수 있는 것은 아니지만, 기회가 된다면 꼭 한번 해보길 바랍니다. 완전 새 것의 빳빳한 신권 지폐 100장, 두께는 1cm입니다.

몇 번을 보아도, 몇 번을 만져보아도 분명히 기분이 좋아질 것입니다.

다시 본래의 이야기를 돌아가, 앞서 언급한 억만장사에게 '신권 징크스'에 관하여 질문했습니다.

그러자 그는 이렇게 대답했습니다.

"왜냐하면, 타로 군. 똑같은 만 엔 지폐지만 완전 똑같다면 아예 새로운 신권 지폐가 더 기분 좋지 않겠어?"

뭐, 그의 말을 부정할 수 없었기에 "그렇긴 하군요"라고 수긍할 수밖에 없었습니다.

## ▌유난히 독특한 억만장자들의 징크스

저는 다양한 사람에게 여러 이야기를 듣다가 억만장자는 지폐를 신권으로 가지고 있다는 것 외에도 독특한 징크스를 가지고 있다는 사실을 깨달았습니다.

먼저 유명한 징크스부터 말해보겠습니다. 일본 지폐에는 만 엔 지폐와 5천 엔, 2천 엔, 천 엔 지폐가 있는데 절대 섞어 두지 않습니다. 만 엔 지폐는 자존심이 세기 때문에 단위가 낮은 천 엔 지폐와 함께 두는 것은 뭔가 찜찜하다, 천 엔 지폐와 함께 두면 만 엔 지폐가 달아날 것 같은 기분이 든다고 합니다.

그리고 지폐를 항상 신권으로 교환하여, 지폐의 앞면과 뒷면을 맞추어 넣는다는 징크스도 있습니다. 그 밖에도 지폐는 절대 접지 않기 때문에 기본적으로 머니클립이나 반지갑도 사용하지 않는다는 징크스도 있습니다.

지갑에 지폐를 넣을 때는 방향을 거꾸로 뒤집어 넣습니다. 그리고 지갑에서 지폐를 꺼낼 때는 인물이 뒤를 향하도록 합니다. 그 이유는 만 엔 지폐에 새겨진 후쿠자와 유키치가 부끄럼이 많았기 때문이라고 합니다. '눈이 마주치면 부끄러워 마음이 불편해질 것이다. 마음이 불편하면 그가 나올 것이다. 그렇기에 최대한 눈이 마주치지 않도록 지갑에 넣는다'는 것입니다.

알 듯 말 듯 한 느낌, 조금 신기했습니다.


영수증으로 빵빵해진 지갑이나 포인트 카드로 가득한 지갑도 물론 좋지 않습니다. 동전은 동전 지갑에 넣어 최대한 지갑을 깔끔하게 합시다.

돈이 모이지 않는 사람은 이러한 징크스에 무관심합니다. 어떤가요?

지금 소개한 징크스들은 하려고 생각하면 누구나 따라

할 수 있는 것들입니다.

신념이 강한 억만장자는 가미다나(집 안에 신을 모시는 선반)에 지폐 전용 침대를 만들기도 합니다. 밤에 지갑에서 지폐를 꺼내어 침대에서 재우는 것입니다. 이렇게까지 하면 약간 종교의 느낌이 강하지만, 그만큼 돈을 소중하게 생각하는 자세의 표현이라고도 말할 수 있겠지요.

억만장자는 돈에 대하여 자신이 할 수 있는 최대한의 예의를 다하는 것입니다.

---

**이렇게 해보자!**

● 자신만의 부적 같은 아이템을 마련한다.
● 돈에 대하여 최대한 예의를 다하며, 징크스에도 관심을 가진다.

# 투자에 밝다

## 어딘가에 초점을 맞추면
## 돈을 벌거나 배울 수 있다

당연한 이야기이지만, 억만장자 중에는 투자에 밝은 사람이 많습니다. 물론 모두가 그런 것은 아닙니다. 투자는 전문가에게 맡긴다고 말하는 사람도 적지 않습니다. 다만 정기적으로 보고서를 받고 있으니 투자에 관해 자세히 알게 되는 것은 자연스러운 흐름이겠지요.

억만장자들은 엔이나 달러, 유로, 위안 등을 잘 알고 있을 뿐만 아니라 남아프리카공화국의 통화인 랜드의 금리나 수수료, 주식이나 선물에 대해서도 상당한 지식을 갖추고 있습니다.

세상의 트렌드의 시작과 끝을 멀리 내다보면서, '아직

은 좀 이르다'라고 생각할 수 있는 와중에도 제대로 오를 경험과 스킬을 유지하는 것이 투자에 정통한 억만장자입니다.

넓은 세계의 흐름과 각 업계의 개별 트렌드, 즉 거시적이고 미시적인 관점에서 전체적으로 균형 있게 관찰하면서 얻을 수 있는 감각입니다. 막연하게 닛케이 평균주가를 따라가는 것만으로는 아무것도 알 수 없습니다.

자신이 잘 아는 회사 또는 업계의 주가를 기준으로 메가뱅크 하나, 항공 업계 하나, 자동차 업계 하나, 통신 업계 하나, 정밀기계 업계 하나와 같이 자신의 센서로서 작용하는 '사설 펀드'의 목록을 만들어 정기적으로 관찰하면 그 흐름을 파악할 수 있습니다.

또한 관찰뿐만이 아니라, 할 수 있다면 실제로 적은 금액이라도 주식 등을 매수해보면 좋은 공부가 될 것입니다.

## ▌미래의 레버리지를 공부하자

투자 의욕이라는 동기부여가 생겼다면, 이제 투자에 관한 공부를 시작해봅시다.

먼저 투자의 기본을 다루는 입문서를 한 권 읽습니다. 그다음으로 '레버리지'를 테마로 공부합시다. 레버리지라는 단어를 들으면 바로 신용 거래를 떠올리기 쉽지만, 그게 아니라 레버리지의 본래 의미인 '지렛대'의 이미지입니다.

조금 공부했는데 '100배의 레버리지'라는 투자는 도박과 같습니다. 애지중지 모은 돈을 잃어버리게 될 뿐이므로 하지 않는 것이 좋습니다.

지렛대를 의미하는 레버리지는 저자 로버트 기요사키가 《부자 아빠, 가난한 아빠》에서 언급한 레버리지의 사고방식과 거의 비슷합니다.

레버리지는 그 종류가 다양합니다. 구체적으로 다음과 같은 것을 들 수 있겠습니다.

- 두뇌(지식, 노하우, 경험, 자격, 연구 등)
- 다른 사람의 돈
- 다른 사람의 시간
- 새로운 컴퓨터
- 팀
- 인맥

금융 공학적으로 레버리지를 활용하는 선물 거래는 대표적인 레버리지의 한 종류라고 할 수 있는데, 10명의 직원을 고용하여 매뉴얼을 만들고 그들을 효율적으로 일할 수 있게 하는 것도 훌륭한 레버리지입니다.

아무리 우수하더라도 혼자서 할 수 있는 일은 한계가 존재합니다. 일을 잘하는 직원 10명을 키우면 10배 규모로 매출이 상승한다는 생각도 레버리지 발상입니다.

그 밖에도 최신 컴퓨터를 도입하면, 성능이 떨어지는 이전 컴퓨터로 일을 하는 것보다 시간을 단축할 수 있습니다. 이 또한 훌륭한 레버리지입니다. 새로운 기술, 새로운 영업 방법이나 마케팅을 계속해서 시도하는 것도 마찬가지입니다. 새로운 정보를 거부하지 말고, 개방적인 자세로 받아들입시다.

그리고 이더리움입니다.

이더리움이란 비트코인에는 미치지 못하지만, 어느 정도의 시가 총액을 자랑하는 가상화폐입니다. 아직 가상화폐 시장은 문제점도 많고 불안정하지만, 관점을 바꾸어 생각하면 안정적이지 않기 때문에 그리고 변동이 크기 때문에 많은 이익을 창출할 가능성이 있는 것입니다.

앞으로의 시대를 이끌어갈 키워드는 과연 무엇일까요? 가상화폐? 빅데이터? AI나 블록체인? 아니면 IOC*? 그것도 아니면 IoT**일까요?

이들은 모두 새로운 테마임에 틀림없습니다.

일반적인 편견을 씻어내고, 새로운 테마와 마주해봅시다. 그리고 '무엇에 초점을 맞추면 돈을 벌 수 있을지'를 진지하게 고민하길 바랍니다.

---

**이렇게 해보자!**

- 레버리지는 모든 방면에서 활용할 수 있다.
- 시대를 이끌어가는 새로운 키워드와 마주하고, 어디에 초점을 둘 것인지 결정한다.

---

\* IOC는 Immediate Or Cancel Order의 약자로, 주식을 주문할 때 사전에 지정한 가격이 그보다 유리한 가격으로 성립하는 경우에만 바로 약정시키고, 성립하지 않는 경우에 대해서는 취소시키는 방법을 의미한다.

\*\* IoT는 Internet of Things의 약자로, '사물 인터넷'이라고 부른다. 모든 사물을 인터넷에 접속하여 고도의 서비스를 실현하는 글로벌 인프라를 의미한다.

# 돈을 어떻게 사용할 것인가
## 이상 실현을 위해 철학을 가지고 돈을 쓴다

　가미치카 요시쿠니 사장은 하우스텐보스의 창업자입니다. 2009년 8월에 처음 만난 이후, 저는 약 9년 동안 한 달에 한 번씩 가미치카 사장이 주재하는 매니지먼트 연구회에 참가하기 위하여 나가사키의 사세보를 방문하고 있습니다.

　하우스텐보스는 제 아이들이 아직 어렸을 적에 자주 놀러 갔습니다.
　저의 집이 있는 후쿠오카에서 차를 타고 약 두 시간 거리에 '작은 유럽'이 있었던 것입니다. '피노키오'라는 레스토랑의 정통 화덕 피자를 좋아하여 매번 방문했던 것은 지금도 매우 좋은 추억입니다.

　벌써 20년도 전의 일입니다. 하우스텐보스에서 나오는 길에 공원 안의 선물 가게에서 가미치카 사장이 집필한 《하우스텐보스의 도전》(한국 미출간)이라는 책을 발견하여 손에 들었습니다. 휙휙 넘기며 읽으면서, '숲을 조성하는 의식'이라는 문장에 눈이 머물렀습니다. 하우스텐보스를 개원하고 몇 년 동안은 나무와 나무 사이의 간격이 눈에 들어올지 모르지만, 100년 후를 내다보고 나무를 선정하여 심고 있다는 내용이 책에 담겨 있었습니다.
　'오호, 숲을 만드는 거구나.'
　당시에 저는 '이런 생각을 하는 사람이 있구나!' 생각할 정도였습니다.

　그로부터 10년 후인 2009년 8월의 일입니다. 오랜만에 하우스텐보스에서 온종일 놀다가 집에 돌아가기 위해 출구 쪽으로 향하는데, 눈앞으로 울창한 큰 숲이 서서히 나타나기 시작했습니다.
　숲은 천천히, 하지만 착실하게 성장하여 진정한 '하

우스텐보스(숲의 집)'로 성장한 것입니다(하우스텐보스는 1992년 3월에 개업해서 당시는 개업 후 17년 반 정도가 지난 시점이었습니다).

그 순간, 저는 가미치카 사장이 말한 '숲을 조성하는 의식'이 떠올라 온몸에 전류가 흐르듯 황홀감을 느꼈습니다. 감동으로 소름이 돋은 피부는 5분이 지나도 진정되지 않았습니다. 조사한 바에 의하면, 공원 안에 약 40만 그루의 수목을 심었다고 합니다.

직감적으로 저는 '이 감동을 가마치카 사장을 직접 만나서 전하고 싶다'는 생각이 들었습니다.

가미치카 사장은 경영 부진의 책임을 지고 2000년 6월, 하우스텐보스의 사장직을 내려놓으며 경영에서 완전히 물러나 있었습니다. 조사해보니 그는 하우스텐보스 마을에 있는 주식회사 에코연구소의 대표로 근무하고 있다는 사실을 알게 되었습니다.

그에게 편지로 만나고 싶다는 뜻을 전하기 위하여 자기소개와 함께 저의 저서 몇 권을 바로 보냈습니다. 그리고 몇 주 뒤, 저는 가미치카 사장을 만나기 위하여 사세보로 향하게 되었습니다.

거기에서 그와 꿈같은 대면을 하게 된 것입니다.

## ▎'돈을 버는 것'이 전부인 사람이 되지 않기 위하여

가미치카 사장은 말했습니다.

"아, 타로 군은 아직 돈을 벌어야 한다는 의식에 집중하고 있구나."

저는 생각하지도 않고 얼른 되물었습니다.

"돈을 버는 것 외에 무엇이 있습니까?"

가미치카 사장은 단호하게 말했습니다.

"돈을 사용하는 방법이네. 나는 하우스텐보스의 전신인 나가사키 네덜란드 마을이었던 시대부터 돈을 어떻게 효율적으로 사용해야 할지를 고민했다네. 돈을 버는 것도 물론 중요하지만, 그것을 어떻게 사용할 것인지에 대한 방법이 더 중요한 거야. 돈을 올바르게 사용하는 방법에 집중하면 고객은 자연스럽게 모이기 때문이지."

하우스텐보스가 만들어진 토지는 원래 공업 단지를 유치하기 위한 매우 황폐한 매립지로, 당시에는 대부분 풀도

나무도 자라지 않는 메마른 토지였다고 합니다.

에코로지의 기본을 배우고 있었던 가미치카 사장은 그 토지를 단순히 콘크리트로 메꾸는 것이 아니라, 일단 메마른 땅을 파헤치고 전부 흙으로 바꾸어 덮는 터무니없는 일을 실행했습니다.

먼저 대부분의 토지를 굴착하여 퇴비를 혼입하는 유기적인 수법으로 토지 개량을 하고, 계획적으로 식물 재배를 시행하여 약 40만 그루의 수목과 30만 송이의 꽃을 심었습니다.

가미치카 사장은 '명품을 만드는 것이기에 그 기본이 되는 토양이 오염되어 있다는 것은 말도 안 된다'라고 생각했으므로 그에게 이러한 행동은 지극히 당연했던 것 같습니다.

하우스텐보스의 부지는 약 152만$m^2$로, 도쿄 디즈니랜드의 1.5배, 유니버설 스튜디오 재팬의 약 3배의 넓이입니다. 공원에 깔려 있는 납작한 돌무늬의 타일, 건물 벽면에 사용된 타일, 그 모든 것을 네덜란드에서 제조된 정품을 배로 실어 왔다고 합니다.

참고로 하우스텐보스의 호텔에는 평소에 볼 수 없는 벽

뒷면까지 타일로 제작되었습니다. 가미치카 사장에게도 '보이지 않는 장소도 빈틈없이 완성한다'라는 스티브 잡스와 공통된 정신이 흐르는 것입니다.

'돈을 버는 것에서 사용하는 것'으로 의식을 변화한다!

유흥업소에서 돈을 낭비하는 것과는 전혀 다른 이야기입니다.

100억 엔, 1,000억 엔 단위로 큰돈을 사업에 투자한 가미치카 사장의 박력에 감복할 수밖에 없습니다.

> **이렇게 해보자!**
>
> ● 돈을 버는 것보다 '무엇에 사용할까'로 의식을 바꾼다.
> ● 명품을 만들려면 '어떻게 돈을 사용할 것인가'를 고민한다.

# 인세적 소득을 중시한다
## 시간과 공간에 얽매이지 않고
## 불로 소득으로 현명하게 살아간다

지금 여러분의 소득 가운데 '인세적 성격의 소득'이 있습니까? 인세적 소득이란 저작물이나 특허의 대가인 인세처럼 발명에 대한 사용권이나 상품명, 디자인 등에 대한 사용권 또는 광고에 사용된 모델의 권리나 창업주가 일선을 물러난 이후에 고문 자격으로 받는 보수 등을 가리킵니다. 노동 집약적인 소득의 정반대에 있는 불로 소득을 의미하는 것이지요.

아직은 인세적 소득이 없다고 해도 가까운 미래에 인세적 소득을 얻을 수 있는 계획이나 아이디어가 있나요? 단기가 아니라 가능한 한 장기적으로, 수십 년에 걸쳐 받을 수 있는 연금과 같은 불로 소득의 수입이 바람직합니다.

먼저 급여 이외에도 몇 가지 형태의 소득이 있다는 사실을 알아두길 바랍니다. 우리의 일상에서 흔히 볼 수 있는 것으로 부동산 월세 소득이나 채권, 펀드라는 금융상품을 통한 소득도 생각할 수 있습니다. 할 수 있는 것부터 실행해 나아갑시다.


저는 28세 때 처음으로 인세적 소득으로 살아갈 방법을 생각하기 시작했습니다. 그로부터 20년 동안 끊임없이 인세적 소득을 얻을 방법을 고민했습니다. 왜냐하면 실제 노동만으로 수입이 증가한다는 것은 과장이 아니라, 정말 이른 아침부터 밤늦게까지 실무 작업을 하지 않으면 일이 끝나지 않는다는 의미입니다. 그렇게 되면 소중한 시간을 점차 잃어버리게 됩니다.

노동 집약적인 근무 방식은 시간과 맞교환하지 않고는 돈을 손에 넣을 수 없습니다. 이러한 상황에서 돈을 벌어도 병에 걸리고 만다면, 결국 모든 걸 잃는 것입니다.

극단적으로 말하면 노동을 통해 얻는 수입 이외에 인세적 소득이 가능한 월평균 50만 엔 정도 있으면 좋겠다고 생각합니다.

'일하지 않은 자, 먹지도 말라'라고 말하는 세상 앞에서 솔직히 이렇게 이야기하면 너무 불성실해 보여 큰 소리로 말하지는 못하지만, 사실 저는 일하고 싶지 않습니다.

지금 하고 있는 일을 전부 그만두고, 인세적 소득으로만 생활하고 싶습니다. 거듭 불성실하게 보일지도 모르지만, 저는 꽤 진지합니다.

벌써 49세. 남은 인생을 생각하면 시간이 부족합니다.

일을 전부 그만두어야 할지, 아니면 새로운 근무 형태를 받아들여야 할지, 새로운 소득의 형태도 포함하여 생각을 정리할 필요를 느끼고 있습니다.

물론 처음부터 인세적 수입만으로는 생활하기란 어려울지도 모릅니다. 하지만 아이디어나 특허 등으로 단숨에 억만장자의 단계로 뛰어오를 가능성은 초등학생에게도, 주부에게도 똑같이 열려 있는 것이 사실입니다. 나이나 경험은 사실 크게 관계없습니다.

너무 아이 같아 보일지 모르지만, 저는 '특허로 엄청난 돈을 벌 거야!' 하는 상상도 좋다고 생각합니다.

인세적 소득을 얻을 방법은 오늘날의 비즈니스 세계에서는 크게 20가지 정도가 아닐까요.

작품이든 브랜드이든, 중요한 것은 권리 소득입니다.

최근에는 인터넷 덕분에 새로운 수입의 길도 생겨나고 있습니다. 예를 들어 유튜버나 인스타그램의 유명인사 등은 과거에는 전혀 생각할 수 없었던 직업입니다. 자신의 콘텐츠를 통해 수입을 얻을 수 있는 시대가 눈앞으로 다가왔습니다.

최신 테크놀로지를 통해 고전적인 인세 구조를 깔끔한 과금 시스템으로 재구축하여, 누구나 공평하게 이익을 얻을 수 있는 구조가 탄생하는 세상이 된 것입니다.

저 또한 10년만 젊었어도 유튜버가 되었을지 모릅니다. 아니, 지금부터라도 늦지 않았지요!

**이렇게 해보자!**

- 시간과 맞바꾸는 노동으로부터 멀어질 수 있는 근무 방식과 소득 방법을 모색하자.
- 최신 기술을 활용하여 새로운 근무 방식과 새로운 수입을 고안하자.

# 스스로 묻고 답하다
## 억만장자의 자격이 있는지, 끊임없이 자문한다

지금까지 훌륭한 억만장자의 습관을 소개했습니다. 당장 도움 되는 부분도 있고, 당장 도움 되지 않을 것 같은 부분도 있을 것입니다.

그래도 '억만장자가 되고 싶다!'고 생각하는 여러분에게 마지막으로 질문하겠습니다.

'지금 당신은 억만장자가 될 자격이 있나요?'

억만장자가 되어가는 과정에서 중요한 것, 필요한 것은

자신이 억만장자가 될 자격이 있는지에 대한 확신입니다.

부디 지금 한번 자신에게 질문을 던져보길 바랍니다.

지금 나는 억만장자의 자격을 겸비하고 있는가?

'아니. 아직 불충분하다'라고 생각하는지, 아니면 '언제 억만장자가 되어도 이상하지 않아! 이미 억만장자의 자격을 갖추고 있어!'라고 생각하는지 말입니다.

'언제나 불성실하고 말만 번지르르하며, 일은 얼렁뚱땅 무책임하게 처리한다.'

'입만 열면 다른 사람의 험담을 한다.'

여러분은 이런 인간성을 가진 사람, 에너지가 낮은 사람이 억만장자가 될 자격이 있다고 생각하나요?

현재의 자신에 대해 스스로 엄격하게 평가해보길 바랍니다. 진정으로 억만장자의 자격이 있는지를 말입니다.

성공을 받아들일 준비가 되어 있나요?

큰 소리로 외쳐봅시다!

예스!

예스!

예스!

예스!

예스!

예스!

더 크게, 예스!

# 누군가의 인생 지표가 되기 위하여

이전에 음악 투고 잡지 〈락킹 온〉의 창간 멤버이자 미디어 프로듀서인 저의 스승 사쓰카와 유키오 씨가 도쿄에서 개최한 '미래 페이스'라는 큰 행사가 있었습니다.

단순히 평론가의 의견이 아니라 현장에서 땀 흘린 실천가 40명이 아침 열 시부터 저녁까지 도시샤대학의 큰 교실을 무대로, 자신의 꿈과 미래에 대하여 순서대로 발표했습니다. 전국 각지에서 진심을 다해 살아가는, 에너지충만한 사람들만 이렇게 모일 수 있다는 사실에 깜짝 놀랐습니다.

그런 사람들을 아무렇지 않게 모은 사쓰카와 씨는 제 인생의 지표입니다. 믿기 어려울지도 모르지만 '이런 어른이 있구나!', '60세가 넘어도 이만큼 활동력을 가질 수 있어!'라는 것을 눈앞에서 현실로 제시해준 사람입니다.

사쓰카와 씨는 정말 평생 현역을 뛰어나게 해낼 것 같습니다. 단 하나의 생각에 의한 구상에서 이렇게 큰 규모로 사람과 인연을 맺고, 많은 사람을 끌어들이면서 이토록 훌륭한 일을 빠르게 실현할 수 있다고 믿을 수 있는 이유는 저도 사쓰카와 씨의 행사에 참가했기 때문입니다.

다만 사쓰카와 씨는 억만장자는 아닙니다. 신체도 건강하지 않습니다. 키도 크지 않습니다. 체력도 그렇게 좋지 않습니다.


그렇지만 만날 때마다 온몸이 떨리는 순간이 몇 번이나 있었습니다.

먼저, 상식을 뛰어넘는 대단한 발상.

스스로 움직여 사람을 끌어들이고 형태를 만들어가는 행동력.

돈을 가지고 있든, 가지고 있지 않든 전혀 신경 쓰지 않는 인간성.

그는 돈은 필요하면 모으면 되고, 필요할 때는 자연스럽게 모이는 것이라며 달관했습니다.

그리고 현실에서 이루어나가는 실천력.

그 하나, 하나의 모든 것이 저의 지표입니다.


2019년 1월, 저도 뒤늦게나마 49세가 되었습니다.

60세가 되었을 때 누군가의 지표가 되었으면 좋겠다고 생각하는데, 사쓰카와 씨를 목표로 하는 것이 저의 목표를 위한 지름길이라고 확신하고 있습니다. 그렇기에 저에게는 사쓰카와 씨가 인생 최고의 지표인 것입니다.


누군가의 지표가 되는 사람.

청년들의 희망이 되는 사람.


이러한 삶의 방식을 성립하는 것이 인간으로서의 존재 가치이며, 그게 유의미한 인생이라고 생각합니다.

가능한 한 누군가의 지표가 되는 사람으로서 부끄럽지 않은 삶의 방식을 선택하고 싶습니다. 평생 다 쓸 수 없는 돈을 가진 억만장자라도 인간으로서 삶이 부끄럽다면 그저 안타까울 뿐일 테지요.

"일이 너무 바빠서 하고 싶은 것을 할 수 없다."

이처럼 초라한 밑도 없습니다. 하고 싶은 일을 할 시간이 없다는 변명 따위는 새빨간 거짓말입니다. 오직 한 가지, 의욕입니다. 돈이나 시간, 환경이나 능력은 전혀 관계없습니다. '강한 의욕'이 있는지, 아니면 없는지가 중요합니다.

'바쁘다'라는 말은 단지 의욕이 결핍되어 있다는 것에 지나지 않습니다.

세상을 향해 눈을 돌려보세요.

돈이 있어도 자유롭게 살지 못하는 사람이 매우 많습니다. 사용하지 못하는 돈 따위를 가지고 있어도 소용이 없습니다.

경제적인 자유보다 정신적인 자유가 훨씬 중요합니다.

애초에 사람은 일하기 위해서만 살아가는 것이 아닙니다. 인생을 즐기기 위하여 살아가는 것입니다.

그렇기에 아낌없이 사랑을 가득 담고, 사랑을 키우고, 사랑을 느끼며, 사랑으로 감싸고, 사랑으로 배우며, 사랑으로 살아가는 것입니다. 여러분의 훌륭한 파트너를 소중히 생각하길 바랍니다.

시간을, 경험을, 자산을 공유하고 싶은 파트너! 훌륭한 파트너가 없는 인생은 안타깝게도 빛이 없는 인생이라고 말할 수 있겠지요.

자신이 정말로 하고 싶은 일을 누구의 눈치도 보지 말고 무조건 시도해봅시다.

여러분이 이 책을 읽고 삶의 방식에 대한 방향을 굳게 결심한다면, 그것은 저자로서 기대 이상의 행복일 것입니다.

언제나 진심으로 감사드립니다.

## 참고 자료

● 일본 총무성 통계국 가계 조사(2017년 5월 16일 공표)
● 캡제미니(Capgemini), <세계 부(副) 보고서(World Wealth Report)>, 2018
● <포브스> '2018 세계 부자 순위', '2017 세계 부자 순위'
● 로버트 기요사키, 《부자 아빠, 가난한 아빠(Rich Dad Poor Dad)》

a billionaire

great
habit

# 억만장자의 엄청난 습관

**초판 1쇄 인쇄** | 2021년 8월 10일
**초판 1쇄 발행** | 2021년 8월 17일

**지은이** | 오카자키 타로
**옮긴이** | 오정화
**펴낸이** | 전영화
**펴낸곳** | 다연
**주 소** | 경기도 고양시 덕양구 은빛로 41, 502호
**전 화** | 070-8700-8767
**팩 스** | 031-814-8769
**이메일** | dayeonbook@naver.com
**본 문** | 미토스
**표 지** | 강희연

ISBN 979-11-90456-34-0  03320